Les recettes ont été rédigées par Johanna LUCCHINI.

Les photographies sont de SAEP/Jean-Luc SYREN et Valérie WALTER
sous la direction artistique de Jean-Luc SYREN.

Les plats ont été préparés par Jean-François CAMPAGNE.

La coordination a été assurée par SAEP/Éric ZIPPER.

Composition et photogravure : SAEP/Arts Graphiques.

Impression : Union Européenne.

Conception : SAEP CRÉATION
68040 INGERSHEIM - COLMAR

Imprimé en France

tajines

un murmure d'oasis

ÉDITIONS S.A.E.P. 68040 INGERSHEIM - COLMAR

Signification des symboles accompagnant les recettes

Recettes

X	élémentaire
XX	facile
XXX	difficile

Recettes

○	peu coûteuse
○○	raisonnable
○○○	chère

Le tajine, plat quotidien dont se nourrissent les Marocains, a des origines troubles et controversées. Pour certains, il remonterait à l'Égypte ancienne alors que pour d'autres il proviendrait de Chine. Véritable métaphore de la cuisine marocaine, on y retrouve toute sa générosité et sa diversité : la frugalité des plats berbères, la finesse de la cuisine andalouse et la saveur épicée évocatrice de la route de la soie et des caravanes venues d'Inde... Ainsi, c'est progressivement, au gré des conquêtes et des voyages, que le tajine est devenu ce plat simple et raffiné à la fois, associant le sucré et le salé, le doux et l'aigre, toujours relevé d'épices odorantes, que nous connaissons aujourd'hui.

Le terme « tajine », d'origine grecque, a d'abord désigné une poêle à frire, et il faut attendre le XIIIe siècle pour qu'il désigne le contenant comme le contenu, ragoût de viande, de poisson, de crustacés ou de légumes. Plat rond en terre cuite vernissée, décoré plus ou moins richement et muni d'un couvercle conique, il permet une cuisson lente et progressive des aliments. Mijotés traditionnellement de longues heures sur le *kanoun* ou le brasero, ces mets délicieux acquièrent un fondant à nul autre pareil. Il est d'usage que le plat à tajine serve aussi pour la présentation et que chacun y puise à sa guise pour transférer les morceaux choisis dans sa propre assiette. On peut préférer de petits tajines individuels joliment décorés.

C'est au cours d'un voyage au Maroc que j'ai découvert ce plat fabuleux. Invitée par une amie dans sa famille, j'ai eu le plaisir non seulement de déguster un tajine d'agneau aux citrons confits absolument succulent, mais encore d'assister à sa préparation dans le secret des cuisines.

Arrivée à l'improviste, j'ai néanmoins été conviée à déguster le thé avec les femmes pendant qu'elles préparaient le repas. L'épluchage des légumes, la préparation de la viande, le dosage des épices semblaient se faire sans effort. Ici, nul besoin de livre de cuisine ! Le tajine refermé et installé sur le feu, mon amie m'emmena visiter la maison. De retour dans le salon donnant sur un patio où coulait une fontaine, nous nous installâmes sur les banquettes recouvertes de coussins et à nouveau on prit le thé alors que le frère et le père de mon amie arrivaient. Une fois tous réunis autour de la table, on fit passer le lave-mains et son aiguière pour se rincer les mains, et le maître de maison prononça la formule consacrée, « bismillah ».

Les salades avaient été disposées en rond, et j'avais devant moi une soucoupe pour poser mon pain. Enfin, le tajine arriva sur la table et l'on retira son couvercle conique, laissant ainsi échapper un parfum délicieux, que tous semblèrent trouver parfaitement normal ! Ayant retenu qu'il était malpoli de se précipiter sur les plats, je me suis forcée à patienter ; le temps pour mon amie de m'expliquer comment manger avec trois doigts, en s'aidant d'un morceau de pain... Le goût merveilleux, le fondant de la viande, la sauce divine – les adjectifs manquent pour décrire ce festival de couleurs, d'odeurs et de saveurs – ont largement récompensé ma patience et mes efforts.

À la fin du repas, je ne tarissais plus d'éloges sur les talents de cuisinière de la mère de mon amie, qui, en plus du tajine, avait préparé d'exquises pâtisseries que nous avons savourées avec un thé à la menthe.

C'est ainsi que, rentrée en France, j'ai voulu apprivoiser cet objet étrange et magique, le tajine... Et qu'aujourd'hui j'ai rassemblé dans cet ouvrage des recettes qui je l'espère vous donneront autant de plaisir que j'en ai eu moi-même à les confectionner et à les savourer.

AROMATES, CONDIMENTS ET ÉPICES UTILISÉS DANS LA CUISINE MAROCAINE

L'art culinaire du Maroc est indissociable des épices et des aromates. Ils sont utilisés tant pour leur goût que pour leurs propriétés médicinales. Mais ces substances si précieuses doivent êtres dosées avec délicatesse pour ne pas rompre l'harmonie des plats. On dit que chaque épice doit pouvoir se reconnaître et mettre en valeur la viande, les légumes ou le poisson qu'elle accompagne ; autant dire qu'il vous faudra de la pratique, alliée à une bonne dose d'amour de la cuisine, pour trouver l'accord parfait !

- **L'absinthe,** cultivée au Maroc, est utilisée dans le thé à la menthe.
- **L'ail** rehausse les saveurs de nombreux plats.
- **L'anis étoilé ou badiane,** au goût anisé, originaire de Chine, est employé en graines ou en poudre ; il est aussi recommandé pour la digestion.
- **Le basilic,** originaire des Indes, a un arôme balsamique.
- **La cannelle,** en poudre ou en bâtonnet, s'utilise autant dans les préparations sucrées que salées.
- **La cardamome** a une saveur douce et chaude.
- **Le carvi,** d'origine asiatique, a un goût légèrement anisé.
- **Le citron** est utilisé frais, pressé en jus pour les marinades, en quartiers dans les sauces ou encore pour parfumer les pâtisseries. Les citrons confits sont indispensables pour la réalisation des tajines.
- **La coriandre** fraîche est indispensable à la cuisine marocaine. La saveur de la feuille est très exotique, à la fois rafraîchissante et puissante, voire entêtante.
- **Le cumin,** provenant d'Orient, est très employé, en graines ou en poudre. Il a une saveur forte et poivrée.
- **Le curcuma,** « safran du pauvre », parfume les plats. Il ne s'emploie qu'en poudre.
- **L'eau de fleur d'oranger** parfume agréablement les sauces, les pâtisseries et certaines boissons.
- **Le gingembre** est une épice utilisée depuis la nuit des temps en Chine et en Inde. Sa saveur forte le rend difficile à doser.
- **La gomme arabique** est utilisée surtout pour le café et les pâtisseries.
- **Le laurier** parfume délicatement le poisson.
- **La menthe verte** est l'ingrédient principal de la boisson nationale, le thé.
- **La noix de muscade** se râpe sur les plats avant de servir.
- **L'oignon** est utilisé dans la quasi-totalité des plats, frit, pour parfumer les bouillons, ou caramélisé, dans les préparations sucrées salées.

• **L'origan** parfume les soupes.

• **Le persil plat.**

• **Le piment doux** ou paprika à la couleur rouge.

• **Le piment fort.**

• **Le poivre,** roi des épices, vient des Indes. La cuisine ne se conçoit plus sans lui.

• **Le safran,** utilisé pour sa couleur et sa saveur délicate, est cultivé dans tout le bassin méditerranéen. Il est considéré comme un stimulant par les anciens, qui le conseillaient « aux femmes en mal d'enfants »...

• **Le sésame** est utilisé en graines, notamment dans la préparation du pain.

• **Le thym,** employé en infusion, a de nombreuses propriétés médicinales.

LE RAS EL HANOUT : PLAISIRS INTERDITS...

Plutôt que de faire votre propre mélange, vous pouvez acheter le Ras el Hanout, autrement dit « la tête de l'épicerie ».

Au Maroc, chaque marchand a son propre mélange dont le dosage est un secret jalousement gardé. Il se compose généralement d'au moins 25 ingrédients dont une bonne partie sont réputés pour affoler les sens : la cannelle, la poudre de cantharide, la cardamome, le gingembre, la girofle, le poivre et le piment, bien sûr.

On l'utilisait d'ailleurs pour réaliser une pâte, le mahjoun, mélange de Ras el Hanout, de haschich, de miel, d'amandes auquel on ajoutait un peu de cantharide. Cette préparation aphrodisiaque et narcotique était très appréciée pour prolonger les plaisirs et les rêves.

LE CAFÉ ET LE THÉ : CONCLUSION INDISPENSABLE D'UN REPAS EN AFRIQUE DU NORD

Le thé à la menthe est un rituel incontournable au Maroc comme dans les autres pays d'Afrique du Nord. Si vous êtes reçu chez un particulier, c'est traditionnellement le maître de maison qui préparera et servira le thé à la menthe, dans de petits verres colorés. Le thé s'offre en toutes circonstances, accompagné de pâtisseries, pour conclure un repas ou se détendre l'après-midi... Quel que soit le moment, on l'appréciera pour ses vertus stimulantes et rafraîchissantes.

Outre le thé à la menthe sucré, le café épicé, souvent préparé à la turque, est consommé dans tout le Maghreb. Chaque famille a sa propre façon de le parfumer, avec des épices, de la cannelle ou encore de l'eau de fleur d'oranger. Voici quelques idées de préparation qui raviront vos papilles !

Thé à la menthe : *1 cuillerée à soupe de thé vert, 1 bouquet de menthe fraîche, 10 morceaux de sucre et 1 litre d'eau.*

Porter l'eau à ébullition. Ébouillanter la théière avec 1 verre d'eau.

Mettre le thé, les feuilles de menthe froissées et le sucre dans la théière puis verser l'eau bouillante et laisser infuser 5 minutes. Verser le thé dans les verres en formant un long jet pour l'aérer. On peut varier les saveurs en ajoutant de l'absinthe ou de l'eau de fleur d'oranger.

Café aux épices : 4 *cuillerées à soupe de café, 1/2 cuillerée à café d'un mélange de cannelle, d'anis, de cardamome et de noix de muscade.*

On fait bouillir 1/2 litre d'eau que l'on verse dans la cafetière sur le café et les épices. Laisser monter quelques minutes, l'arrêter et le laisser décanter avant de le servir.

Café à la cardamome : *4 cuillerées à soupe de café, 100 g de sucre en poudre et 2 ou 3 graines de cardamome.*

Mettre le café, le sucre et la cardamome dans une cafetière et y verser 1/2 litre d'eau bouillante. Porter à nouveau à ébullition puis retirer du feu. Recommencer cette opération trois fois. La dernière fois, donner un petit coup sous la cafetière pour faire descendre le marc et servir.

Café à la cannelle : *4 cuillerées à soupe de café, 1/2 cuillerée à café de cannelle, quelques grains de gomme arabique en poudre et 1 cuillerée à café d'eau de fleur d'oranger.*

On fait bouillir 1/2 litre d'eau avec la cannelle et la gomme arabique puis l'on verse cette eau dans la cafetière avec le café et l'eau de fleur d'oranger. Il faut laisser le café sur le feu sans cesser de remuer pendant 3 minutes puis le laisser décanter avant de servir.

LE MIEL

Le miel est une substance sirupeuse et sucrée de couleur ambrée, fabriquée à partir du nectar des fleurs par les abeilles. C'est un véritable présent de la nature, l'or blond qui illumine le monde méditerranéen. Très tôt, il est lié au divin. Zeus, en Grèce, est nourri du miel des abeilles de la grotte du mont Ida, les Mayas figurent leurs dieux sous la forme d'abeilles géantes et boivent de grandes quantités d'hydromel, les Hindous représentent Vishnu, Krishna et Indra, nés du nectar des fleurs, par des abeilles, ou encore les Égyptiens invoquent Amon-Re, dieu dont les larmes se changent en abeilles...

Les Hébreux eux-mêmes, sortis d'Égypte à la recherche de la Terre promise, voyaient Canaan comme le pays où coulaient des ruisseaux de lait et de miel. Ainsi, Coran et Bible parlent tous deux du paradis et de ses ruisseaux de miel, nourriture divine offerte à l'homme avant la faute... et qu'il devra se procurer en travaillant après son éviction des jardins d'Éden.

L'apiculture est pratiquée depuis le VIIe siècle avant notre ère. On en trouve des traces notamment en Égypte, qui fut l'une des premières régions à développer l'apiculture, ainsi qu'en témoignent bas-reliefs et peintures tombales montrant ruches et jarres à miel et qui datent d'environ 4 500 ans.

En Occident, le miel fut pendant des millénaires le seul édulcorant connu, alors qu'en Orient on cultivait la canne à sucre. Toutefois, le miel a laissé sa place au sucre et n'est plus guère utilisé que pour les pâtisseries en Europe. Au Maroc, en revanche, dont l'une des spécialités culinaires est le mélange sucré salé, il entre dans la composition de nombreux plats succulents.

La quantité et la qualité du miel sont déterminées par des facteurs géographiques, saisonniers et botaniques. Les abeilles ont tendance à récolter une seule sorte de nectar, ce qui contribue à la production de miels distincts ayant chacun leur saveur particulière. Il existe une très grande variété de miels, certains sont faits à partir du nectar d'une seule variété de fleur, tandis que d'autres sont mélangé ; ces derniers sont appelés « toutes fleurs ». L'origine florale du nectar influence la couleur du miel, sa saveur et sa consistance. La couleur du miel varie du blanc au presque noir, en passant par les teintes de brun, de roux et de blond. La saveur varie autant que la couleur. En règle générale, plus le miel est foncé, plus sa saveur sera prononcée. Parmi les miels les plus courants, les miels de trèfle, de colza et de luzerne sont pâles et de saveur modérée, le miel de bruyère est roux et de saveur forte, tandis que le miel d'acacia est très doux, transparent et liquide.

LES DATTES

On trouve des palmeraies dans tous les pays du Maghreb. Leur climat sec et aride est parfait pour les palmiers, dont les fruits ont besoin de beaucoup de soleil.

Il existe une grande variété – plusieurs dizaines – de dattes ayant chacune ses spécificités. Parmi les plus connues, on peut citer la Deglet nour, la plus commune en Europe. Appelée ainsi en souvenir d'une princesse à la fin du XIIIe siècle en Algérie, elle est maintenant cultivée essentiellement en Tunisie ; il y a aussi la Degle beïda d'Algérie, les Zaghoul et Sammanni d'Égypte, les dattes de Médine, la Ajwa – qui proviendrait de dattiers plantés par le prophète lui-même – et, bien sûr, les dattes de Tafilet, au Maroc, qui sont considérées comme les meilleures du monde arabe !

Introduites au Maroc par les bédouins, les dattes, tout comme le lait et le pain, constituaient la nourriture de base des nomades. C'est aujourd'hui encore un symbole d'hospitalité, de prospérité et de chance dans le Sud marocain ; on les offre aux amis, aux invités ou encore aux jeunes mariés...

Dans le reste du pays, les dattes sont consommées en dessert, déguisées (avec de la pâte d'amandes) et se retrouvent bien sûr dans les tajines.

Les Marocaines utilisent aussi les dattes comme produit de beauté. Secret transmis par les grands-mères, ce masque purifiant est encore utilisé aujourd'hui. « Pour faire son masque, Lalla Mani plaçait deux ou trois dattes très charnues dans un verre de lait entier, le couvrait et le laissait quelques jours près d'une fenêtre ensoleillée. Elle écrasait ensuite le mélange avec une cuiller de bois, en enduisait son visage et évitait de s'exposer au soleil. » *Rêves de femmes,* de Fatima Mernissi.

Quelques idées de salades d'Afrique du Nord que vous pourrez servir seules ou en assortiment. Légères, elles feront une délicieuse entrée en matière pour les tajines.

CHAKCHOUKA TUNISIENNE

Préparation : 15 min – Cuisson : 35 min 4 pers.

2 oignons / 4 tomates / 2 poivrons verts / 4 cuil. à soupe d'huile d'olive / 1 piment / 4 œufs / Sel, poivre.

Peler et émincer finement les oignons. Peler et épépiner les tomates puis les concasser. Épépiner et couper les poivrons en petits morceaux.

Faire chauffer l'huile et y faire revenir les oignons. Ajouter les tomates, les poivrons et le piment haché avec 1 verre d'eau. Saler, poivrer et cuire à couvert pendant 30 minutes.

Casser les œufs sur la sauce, couvrir à nouveau et laisser sur le feu encore 1 minute.

Servir bien frais.

SALADE DE BETTERAVES

Préparation : 20 min – Cuisson : 1 h 30 min 4 pers.

600 g de betteraves / Huile d'olive / Le jus de 1 citron / 1/2 cuil. à café de paprika / Une pincée de cannelle / Une pincée de cumin / Sel, poivre.

Éplucher les betteraves et les faire cuire dans une casserole pendant 1 heure 30 minutes.

Les égoutter, les couper en fines rondelles puis les disposer dans un saladier. Saler légèrement. Verser un filet d'huile et le jus de citron.

Saupoudrer ensuite de paprika, de cannelle et de cumin. Saler et poivrer.

Bien mélanger avant de servir.

SALADE DE CAROTTES

Préparation : 15 min – Cuisson : 30 min 4 pers.

500 g de carottes / 1/2 cuil. à café de paprika / 1/2 cuil. à café de cumin / Quelques brins de persil plat haché / 1 cuil. à soupe d'huile d'olive / Sel, poivre.

Gratter les carottes et les couper en rondelles épaisses. Les faire cuire dans de l'eau bouillante salée pendant 30 minutes.

Égoutter les carottes, saupoudrer avec les épices, verser l'huile, saler, poivrer et remuer délicatement. Servir frais.

SALADE DE FÈVES

Préparation : 10 min – Cuisson : 15 min — 4 pers.

500 g de fèves fraîches décortiquées / 2 cuil. à soupe d'huile d'olive / 1 cuil. à soupe de vinaigre / 1 petit oignon blanc haché / 1 cuil. à café de cumin / Sel, poivre.

Faire cuire les fèves dans une casserole d'eau bouillante pendant 15 minutes. Les égoutter puis les passer à l'eau froide.

Mettre les fèves dans un saladier, ajouter l'huile, le vinaigre, l'oignon et le cumin. Saler et poivrer.

Bien mélanger et servir encore tiède.

SALADE D'ORANGES

Préparation : 15 min — 4 à 6 pers.

1,500 kg d'oranges sanguines / 2 gousses d'ail / 1/2 cuil. à café de cumin / 1/2 cuil. à café de paprika / 1/2 cuil. à café de cannelle / Le jus de 2 citrons / 4 cuil. à soupe d'huile d'olive / 250 g d'olives noires dénoyautées / Sel, poivre.

Peler les oranges en ayant soin de retirer la pellicule blanche puis les couper en quartiers.

Écraser l'ail.

Mettre les quartiers d'orange et l'ail dans un saladier et saupoudrer avec les épices, verser le jus de citron, l'huile et les olives. Remuer pour que les oranges s'imprègnent bien.

Servir bien frais.

SALADE DE TOMATES ET DE POIVRONS GRILLÉS

Préparation : 10 min – Cuisson : 10 min 4 à 6 pers.

3 poivrons rouges / 4 tomates / 3 gousses d'ail / 1 bouquet de coriandre hachée / 2 cuil. à soupe d'huile d'olive / Le jus de 1/2 citron / Sel, poivre.

Mettre les poivrons et les tomates sous le gril. Les retourner pour qu'ils soient dorés de tout côté. Laisser refroidir quelques minutes.

Retirer la peau et les pépins des poivrons et des tomates puis couper la chair en dés et la mettre dans un saladier. Saler, poivrer et ajouter l'ail haché finement et la coriandre.

Arroser d'huile d'olive et de jus de citron et remuer avant de servir.

L'Afrique du Nord a accès à de nombreuses zones de pêche, tant en Méditerranée que dans l'océan Atlantique ou les rivières. C'est sans doute ce qui fait des marchés aux poissons un spectacle aussi extraordinaire.

On peut donc trouver, entre autres, du rouget, du loup, de la daurade, des sardines, du colin, des crevettes, des moules, des huîtres ou encore des oursins. Bref, de quoi préparer des tajines variés et délicieux !

TAJINE DE GAMBAS

Préparation : 15 min – Cuisson : 25 min 4 pers.

12 gambas / 3 gousses d'ail / 2 poivrons rouges / 1 bouquet de persil plat / 3 cuil. à soupe d'huile d'olive / 1 cuil. à café de cumin / 1/2 cuil. à café de gingembre / Le jus de 1 citron / Sel, poivre.

Faire bouillir de l'eau salée dans une casserole et y plonger les gambas 2 à 3 minutes. Les égoutter puis les décortiquer.

Peler les gousses d'ail et les écraser. Épépiner les poivrons et les couper en lamelles. Laver et ciseler le persil.

Faire chauffer l'huile dans une cocotte et y faire revenir les poivrons avec les épices, l'ail et le persil pendant 15 minutes. Ajouter le jus de citron et les crevettes, poursuivre la cuisson pendant 5 minutes.

Servir aussitôt.

TAJINE DE MOULES

Préparation : 50 min – Cuisson : 50 min 4 pers.

1 kg de moules / 2 poivrons / 1 oignon / 2 cuil. à soupe d'huile d'olive / 4 gousses d'ail écrasées / 3 tomates / 1 bouquet de persil haché / 1 cuil. à café de cumin / 1 cuil. à café de Ras el Hanout / 2 cuil. à café de piment doux / Sel, poivre.

Plonger les moules dans une cocotte d'eau bouillante pour les faire ouvrir. Ôter les coquilles et réserver.

Laver et couper les poivrons en petits morceaux. Peler l'oignon et le couper en fines rondelles.

Dans un tajine, faire chauffer l'huile à feu doux. Y faire revenir les rondelles d'oignon avec l'ail écrasé. Lorsqu'ils sont bien dorés, ajouter le poivron et laisser revenir encore 2 à 3 minutes.

Couvrir et poursuivre la cuisson pendant 10 minutes.

Peler et couper les tomates en dés. Puis les ajouter avec le bouquet de persil finement haché (en garder un peu pour la décoration). Ajouter les épices en mélangeant bien, saler et poivrer.

Cuire à couvert pendant 15 minutes, puis verser le contenu de 1 verre d'eau. Porter à ébullition avant d'ajouter les moules sans leur coquille. Poursuivre la cuisson à couvert 15 minutes.

Servir décoré de quelques brins de persil.

TAJINE D'ANCHOIS

Préparation : 15 min – Cuisson : 20 min – Marinade : 1 h 4 pers. XX O

1 bouquet de coriandre / 2 gousses d'ail / 1 cuil. à café de piment doux / 1 cuil. à café de cumin / 3 cuil. à café d'huile d'olive / Le jus de 1 citron / 1 kg d'anchois / Sel.

Laver et équeuter le bouquet de coriandre. Peler les gousses d'ail. Piler les feuilles de coriandre et l'ail avec du sel. Ajouter le piment doux, le cumin, puis mélanger avec l'huile d'olive et le jus de citron.

Passer les anchois à l'eau et ôter têtes, queues et arêtes centrales.

Enduire ensuite les anchois de marinade et les laisser reposer 1 heure. Puis les disposer dans un tajine et les arroser avec la marinade restante. Ajouter 1 cuillerée à soupe d'eau dans la marinade si nécessaire.

Laisser cuire à couvert et à feu doux pendant 20 minutes.

Servir aussitôt.

TAJINE D'ALOSE AUX CAROTTES

Préparation : 20 min – Cuisson : 35 min 6 pers. XX O

2 gousses d'ail / 500 g de carottes / 2 cuil. à soupe d'huile d'olive / Une pincée de safran / 2 cuil. à café de paprika / 2 petits piments rouges / 1 alose de 1,500 kg (écaillée et coupée en tranches par le poissonnier) / Le jus de 1 citron / Quelques brins de coriandre ciselés / Sel, poivre.

Peler et émincer les gousses d'ail. Gratter les carottes, les laver et les couper en bâtonnets.

Faire chauffer l'huile d'olive dans une cocotte. Saler, ajouter l'ail, les carottes, le safran, le paprika et les 2 piments.

Placer les tranches de poisson dans la cocotte, verser 1 verre d'eau et cuire à couvert 15 minutes environ. Ajouter ensuite le jus de citron et laisser mijoter à feu doux pendant 20 minutes.

Saupoudrer de coriandre avant de servir.

TAJINE DE CALMARS

Préparation : 40 min – Cuisson : 45 min 6 pers. XX ∞

1,500 kg de blancs de calmar / 3 cuil. à soupe d'huile d'olive / 2 oignons / 6 gousses d'ail écrasées / 2 poivrons / 4 tomates / 1 bouquet de persil / 1 cuil. à café d'épices pour tajine / 1 cuil. à café de paprika / Sel, poivre.

Laver, éponger et tailler les blancs de calmar en rondelles.

Faire chauffer l'huile d'olive dans le tajine et y faire revenir l'oignon haché, l'ail écrasé et le calamar.

Laver et couper les poivrons en dés et les faire revenir. Laisser cuire 10 minutes à couvert.

Peler les tomates et les couper en dés.

Ajouter le persil, les épices, le paprika, saler et poivrer.

Cuire à couvert 15 minutes puis ajouter 1 verre d'eau et porter à ébullition. Poursuivre la cuisson à couvert pendant 15 minutes.

Servir accompagné de riz blanc et de quartiers de citron.

TAJINE DE COLIN AUX FÈVES

Préparation : 10 min – Cuisson : 35 min 4 pers. X ∞

3 gousses d'ail / 1 bouquet de coriandre / 4 cuil. à soupe d'huile d'olive / 1 kg de fèves / 1 cuil. à café de paprika / Une pincée de piment fort / 1 cuil. à café de curcuma / 4 tranches épaisses de colin / Sel, poivre.

Peler et hacher les gousses d'ail. Laver et hacher la coriandre.

Faire chauffer l'huile dans une cocotte et y mettre les fèves, le paprika, le piment fort et le curcuma. Saler, verser 1 verre d'eau et cuire 10 minutes environ.

Ajouter ensuite les tranches de colin et l'ail et poursuivre la cuisson 20 minutes à feu doux, à couvert.

Ajouter la coriandre et laisser cuire 5 minutes supplémentaires.

TAJINE DE HARENG À LA TOMATE

Préparation : 20 min – Cuisson : 50 min 4 pers. ✕✕ ○○

150 g de hareng fumé / Lait / 3 cuil. à soupe d'huile d'olive / 500 g de tomates / 3 gousses d'ail / 1 cuil. à café de paprika / Cumin en graines / 1 cuil. à café de harissa / 4 œufs / Sel, poivre.

Lever les filets de hareng, retirer la peau et les parer. Puis les faire dessaler dans du lait, les égoutter et les éponger.

Cuire les filets au four pendant 15 à 20 minutes à 180 °C (th. 6) puis ôter les arêtes et les émietter.

Faire chauffer l'huile dans une cocotte et y mettre les tomates coupées en dés, l'ail écrasé, le paprika, le cumin et la harissa. Ajouter le hareng et 1 verre d'eau. Cuire pendant 30 minutes à couvert, à feu doux.

Rectifier l'assaisonnement et casser les œufs dans la cocotte. Laisser prendre le blanc et servir aussitôt.

TAJINE DE MERLAN AUX LÉGUMES

Préparation : 30 min – Cuisson : 1 h 4 pers. ✕✕ ○○

500 g de pommes de terre / 500 g de carottes / 50 g de tomates / 500 g de poivrons / 1 bouquet de persil / 1 bouquet de coriandre / 1/2 cuil. à café de cumin / ? cuil. à café de paprika / 4 gousses d'ail hachées / Le jus de 1/2 citron / 3 cuil. à soupe d'huile / 4 merlans (lavés et vidés) / Sel.

Éplucher les pommes de terre et les carottes, les laver et les couper en rondelles. Laver et couper en morceaux les tomates et les poivrons.

Hacher le persil et la coriandre et mélanger avec le cumin, le paprika, l'ail, le jus de citron et 1 cuillerée à soupe d'huile. Saler. Enduire les poissons, intérieur et extérieur, avec la moitié de ce mélange.

Disposer les merlans dans le tajine *slaoui* avec les pommes de terre et les carottes tout autour. Ajouter le reste d'huile et 2 verres d'eau au reste de la sauce puis la verser sur l'ensemble.

Faire cuire au four à couvert pendant 30 minutes à 220 °C (th. 7-8).

Décorer avec les tomates et les poivrons avant de servir.

TAJINE DE MERLAN

Préparation : 30 min – Cuisson : 1 h – Marinade : 2 h 6 pers.

1 bouquet de coriandre / 3 gousses d'ail / 1 cuil. à soupe de piment doux / 1 cuil. à café de cumin / Deux pincées de piment fort / 2 cuil. à café d'huile d'olive / Le jus de 1 citron / 12 filets de merlan de 120 g / 1/2 cuil. à café de gingembre / 3 cuil. à soupe d'huile d'arachide / Deux pincées de safran / 10 olives confites / 1 citron confit coupé en quartiers / Sel, poivre.

Commencer par préparer la *chermoula* (marinade) : laver et équeuter le bouquet de coriandre. Peler les gousses d'ail. Piler la coriandre et l'ail avec une quantité de sel suffisante pour l'assaisonnement. Ajouter le piment doux, le cumin, le piment fort, puis mélanger avec l'huile d'olive et le jus de citron.

Enduire le poisson avec cette préparation et laisser mariner pendant 2 heures. Réserver 1 cuillerée à soupe de *chermoula* pour la sauce.

Dans une cocotte, mettre le gingembre, l'huile d'arachide et le safran. Saler et poivrer. Faire chauffer cette sauce à feu doux quelques minutes.

Ajouter la cuillerée à soupe de *chermoula* réservée et mélanger. Cuire 20 minutes. Ajouter les filets de merlan. Poursuivre la cuisson à feu doux 10 minutes.

Disposer le poisson dans un plat rond, napper de sauce et décorer avec les olives et les quartiers de citron confit avant de servir.

Si vous préparez ce plat dans le tajine slaoui, pensez à en tapisser le fond avec des rondelles d'oignon pour que le poisson n'attache pas.

TAJINE DE BOULETTES DE SARDINE

Préparation : 30 min – Cuisson : 1 h 15 min 6 pers.

80 g de riz / 1 kg de sardines / 4 gousses d'ail / 1 bouquet de coriandre / 1/2 cuil. à café de cumin / 1/2 cuil. à café de paprika / 5 cuil. à soupe d'huile d'olive / 4 tomates / 1 bâton de cannelle / Le jus de 1/2 citron / Sel, poivre.

Cuire le riz *al dente.*

Pendant ce temps, écailler, vider, rincer et sécher les sardines. Puis en ôter les têtes, les queues et les arêtes centrales.

Peler et écraser les gousses d'ail. Hacher la coriandre.

Hacher les sardines et les mélanger avec la moitié de l'ail, la coriandre, le cumin, le paprika, 1/2 cuillerée à café de poivre, le riz et 2 cuillerées à soupe d'huile. Saler et bien malaxer avec les mains humides. Former de petites boulettes et les réserver.

Peler les tomates, les épépiner puis les couper en petits cubes.

Faire chauffer le reste d'huile dans le tajine avec le reste d'ail, le bâton de cannelle et 1 verre d'eau puis ajouter les tomates.

Porter à ébullition avant d'ajouter les boulettes de sardine. Laisser cuire 40 minutes à feu doux. Ajouter le jus de citron à mi-cuisson.

Servir bien chaud.

TAJINE DE THON

Préparation : 30 min – Cuisson : 45 min 4 pers.

2 gousses d'ail / 1 oignon / 3 tomates / 1 bouquet de coriandre / 3 cuil. à soupe d'huile / 4 tranches de thon frais / Le jus de 1 citron / 1/2 cuil. à café de cumin / 1/2 cuil. à café de curcuma / 1/2 cuil. à café de gingembre râpé / Sel, poivre.

Peler et hacher finement l'ail et l'oignon. Peler les tomates, les épépiner et les couper en cubes. Laver et hacher la coriandre.

Faire chauffer l'huile dans le tajine et y faire revenir l'oignon, l'ail puis les tomates. Saler, poivrer et cuire à couvert 10 minutes.

Ajouter le thon, le jus de citron, le cumin, le curcuma, le gingembre et la coriandre hachée. Cuire 30 minutes à couvert.

Servir aussitôt.

TAJINE DE POISSON ET DE CREVETTES

Préparation : 30 min – Cuisson : 40 min – Marinade : 2 h 4 pers. XX ŌŌŌ

1 bouquet de coriandre / 2 gousses d'ail / 1 cuil. à soupe de piment doux / 1 cuil. à café de cumin / Deux pincées de piment fort / 4 cuil. à soupe d'huile d'olive / Le jus de 1 citron / 1 kg de poisson blanc / 1 kg de crevettes roses cuites / 3 oignons / 3 tomates en dés / 2 poivrons rouges / Sel, poivre.

Laver et équeuter le bouquet de coriandre. Peler les gousses d'ail. Piler la moitié de la coriandre et l'ail avec une quantité de sel suffisante pour l'assaisonnement. Ajouter le piment doux, le cumin, deux pincées de piment fort, puis mélanger avec 2 cuillerées à soupe d'huile d'olive et le jus de citron.

Faire mariner le poisson coupé en morceaux dans cette préparation pendant 2 heures.

Pendant ce temps, décortiquer les crevettes. Peler les oignons et les émincer. Couper les poivrons, les épépiner et les couper en lamelles.

Faire chauffer le reste d'huile dans une cocotte et y faire dorer les oignons. Ajouter ensuite les tomates et les poivrons, saler et poivrer. Ajouter le poisson et sa marinade et cuire pendant 30 minutes, à couvert.

Ajouter les crevettes et le reste de la coriandre, et poursuivre la cuisson pendant 10 minutes environ à feu doux.

Servir bien chaud.

LES POISSONS

TAJINE AUX DATTES ET AUX AMANDES

Préparation : 20 min – Cuisson : 2 h 10 min 6 pers. XXX ŌŌ

350 g de dattes dénoyautées / 60 g d'amandes en poudre / 1/2 cuil. à café de gingembre / 1 cuil. à soupe de sucre en poudre / 80 g de beurre / 80 g de semoule cuite / 1,500 kg de poisson à chair blanche (dorade, loup...) / 1 oignon / Sel, poivre.

Couper quelques dattes en morceaux et les mélanger avec la poudre d'amande, la moitié du gingembre, le sucre, 25 g de beurre et la semoule.

Farcir le poisson avec une partie de ce mélange et le coudre. Garnir les dattes fendues en deux avec le reste de la farce.

Peler et émincer l'oignon.

Disposer le poisson et les dattes dans le tajine slaoui, ajouter le reste du beurre et du gingembre, l'oignon et 1 verre d'eau. Saler et poivrer.

Cuire à feu doux à couvert pendant 2 heures. Ajouter un peu d'eau en cours de cuisson si nécessaire.

Passer sous le gril quelques minutes pour faire dorer le poisson avant de servir.

TAJINE DE POISSON AUX PATATES DOUCES

Préparation : 15 min – Cuisson : 1 h – Marinade : 2 h 4 pers.

1 bouquet de coriandre / 2 gousses d'ail / 1/2 cuil. à soupe de paprika / 1/2 cuil. à café de cumin / Deux pincées de piment fort / 4 cuil. à soupe d'huile d'olive / Le jus de 1 citron / 4 tranches épaisses de poisson (dorade, merlan, loup...) / 1 kg de patates douces / 1/2 cuil. à café de gingembre / Sel, poivre.

Laver et ciseler le bouquet de coriandre. Peler l'ail. Piler la coriandre et la moitié de l'ail avec une quantité de sel suffisante pour l'assaisonnement. Ajouter la moitié du paprika et du cumin, le piment fort, puis mélanger avec 2 cuillerées à soupe d'huile d'olive et le jus de citron.

Enduire les tranches de poisson avec cette préparation et les laisser mariner pendant 2 heures.

Pendant ce temps, faire cuire les patates douces à la vapeur pendant 20 minutes. Les laisser tiédir puis les éplucher et les couper en rondelles.

Mettre les patates douces, le gingembre, le reste d'huile et d'épices et 1 gousse d'ail écrasée dans une cocotte. Verser 2 verres d'eau et porter à ébullition puis laisser cuire à feu modéré 10 minutes environ.

Ajouter alors les tranches de poisson et leur marinade et laisser mijoter 30 minutes.

Dresser les filets et les rondelles de patate douce sur un plat de service, napper de sauce et servir aussitôt.

TAJINE DE POISSON AUX FIGUES

Préparation : 15 min – Cuisson : 30 min 6 pers.

6 gousses d'ail / 1,500 kg de poisson à chair ferme type lotte / 6 cuil. à soupe d'huile d'olive / 20 figues fraîches / Quelques brins de thym / Sel, poivre.

Peler les gousses d'ail et en piquer le poisson.

Faire chauffer l'huile dans une cocotte et y faire revenir le poisson. Couvrir lorsqu'il est bien doré, et cuire à feu modéré une quinzaine de minutes.

Laver les figues et les couper en deux. Les placer autour du poisson, saler, poivrer et saupoudrer de thym. Prolonger la cuisson pendant 10 minutes.

Servir aussitôt.

TAJINE DE POISSON À LA TOMATE

Préparation : 30 min – Cuisson : 1 h – Marinade : 2 h 4 pers.

1 bouquet de coriandre / 3 gousses d'ail / 1 cuil. à soupe de piment doux / 1 cuil. à café de cumin / Trois pincées de piment fort / 4 cuil. à soupe d'huile d'olive / Le jus de 1 citron / 1 kg de poisson (dorade, merlan, mulet...) / 1 kg de tomates / 1 cuil. à café de gingembre / Quelques brins de persil haché / Quelques olives confites / 2 gros oignons coupés en rondelles / Sel.

Laver et équeuter le bouquet de coriandre. Peler les gousses d'ail. Piler la coriandre et la moitié de l'ail avec une quantité de sel suffisante pour l'assaisonnement. Ajouter le piment doux, le cumin, deux pincées de piment fort, puis mélanger avec 2 cuillerées à soupe d'huile d'olive et le jus de citron.

Enduire le poisson avec cette marinade et le laisser mariner pendant 2 heures.

Laver les tomates, les peler et les couper en morceaux. Les mettre dans une cocotte avec une pincée de piment fort, le gingembre, le reste d'ail et le reste d'huile d'olive, puis laisser réduire à feu doux. Lorsque toute l'eau s'est évaporée, ajouter le persil haché et une dizaine d'olives. Poursuivre la cuisson 5 minutes, en remuant.

Disposer des rondelles d'oignon au fond du tajine et y placer le poisson. Verser 3 cuillerées à soupe de la marinade et la purée de tomates sur le poisson et cuire, à couvert, au four à 180 °C (th. 6) pendant 45 minutes environ.

Servir directement dans le tajine décoré de quelques olives.

TAJINE DE POISSON AU FENOUIL ET AU CITRON

Préparation : 15 min – Cuisson : 35 min – Marinade : 2 h 6 pers.

Le jus de 15 citrons verts / Le jus de 6 citrons jaunes / 5 cuil. à soupe d'huile d'olive / 1/2 cuil. à café de gingembre / 1,500 kg de poisson à chair blanche / 1,500 kg de fenouil / 2 gousses d'ail écrasées / Sel, poivre.

Préparer la marinade en mélangeant les trois quarts du jus des citrons, l'huile d'olive, le gingembre et un peu de sel. Enduire le poisson avec la moitié de cette préparation et le laisser mariner pendant 2 heures.

Laver les fenouils et les diviser en quartiers. Les mettre dans une cocotte avec le reste de marinade et l'ail, couvrir d'un verre d'eau et cuire à couvert pendant 15 minutes.

Ajouter alors le poisson et le jus de citron restant et poursuivre la cuisson à couvert, à feu modéré, pendant 20 minutes.

Servir le poisson sur un lit de fenouil, arroser de sauce.

TAJINE DE POISSON AUX LÉGUMES

Préparation : 30 min – Cuisson : 1 h – Marinade : 2 h 4 pers.

1 bouquet de coriandre / 2 gousses d'ail / 1/2 cuil. à soupe de piment doux / 1 cuil. à café de cumin / Deux pincées de piment fort / 8 cuil. à soupe d'huile d'olive / Le jus de 1 citron / 1 kg de poisson à chair blanche (dorade, loup...) / 2 oignons / 3 pommes de terre à chair ferme / 3 tomates / 3 carottes / Sel.

Commencer par préparer la *chermoula* (marinade) : laver et équeuter le bouquet de coriandre. Peler les gousses d'ail. Piler la coriandre et l'ail avec une quantité de sel suffisante pour l'assaisonnement. Ajouter le piment doux, le cumin, le piment fort, puis mélanger avec 6 cuillerées à soupe d'huile d'olive et le jus de citron.

Couper le poisson en morceaux et laisser mariner pendant 2 heures.

Peler les oignons et les couper en rondelles. Éplucher les pommes de terre et les couper en quatre. Peler les tomates et les couper en dés.

Couper les carottes en rondelles et les disposer au fond du tajine slaoui avec la moitié de l'oignon. Arroser avec 2 cuillerées à soupe de chermoula et le reste d'huile d'olive. Disposer les morceaux de poisson puis les pommes de terre, les rondelles d'oignon et enfin les tomates. Arroser avec le reste de marinade et laisser cuire à couvert pendant 1 heure.

TAJINE DE CAILLE AUX CITRONS ET AUX OLIVES

Préparation : 15 min – Cuisson : 55 min 4 pers. XX OO

4 gousses d'ail / 3 oignons / 1 bouquet de persil plat / 1 kg de pommes de terre nouvelles / 5 cuil. à soupe d'huile d'olive / 8 cailles / 1 cuil. à café de curcuma / 1/2 cuil. à café de gingembre / Les écorces de 3 citrons confits / 350 g d'olives confites / Sel, poivre.

Peler et couper l'ail et les oignons en rondelles. Laver et hacher le persil. Peler les pommes de terre et les couper en quartiers.

Verser l'huile d'olive dans une cocotte et y faire revenir les cailles. Lorsqu'elles sont bien dorées, les retirer et les réserver.

Ajouter ensuite les oignons, le curcuma, le gingembre et l'ail dans la cocotte. Faire revenir quelques minutes avant de remettre les cailles. Verser 1 verre d'eau et laisser cuire 20 minutes à couvert.

Pendant ce temps, faire cuire les pommes de terre au cuit-vapeur une vingtaine de minutes.

Ajouter les pommes de terre, le persil, l'écorce de citron confit coupé en morceaux et les olives. Ajouter un peu d'eau si nécessaire et poursuivre la cuisson à feu doux pendant 15 minutes.

Servir bien chaud.

Veillez à ne pas trop saler ce tajine, les olives et les citrons en rendant déjà énormément à la cuisson.

TAJINE DE CANARD AUX FIGUES

Préparation : 15 min – Cuisson : 1 h 4 pers. XX OOO

1 canard / 2 gousses d'ail / 2 oignons / 1 kg de figues fraîches bien mûres / 3 cuil. à soupe d'huile d'olive / 1/2 cuil. à café de gingembre / 1/2 cuil. à café de curcuma / 1/2 cuil. à café de cannelle / 3 cuil. à soupe de miel / Sel, poivre.

Découper le canard en morceaux. Peler les gousses d'ail et les oignons et les émincer. Laver les figues et les couper en deux.

Faire chauffer l'huile dans une cocotte et y faire dorer les morceaux de canard. Ajouter les oignons, l'ail, le gingembre et le curcuma. Saler, poivrer et verser 2 verres d'eau. Cuire à feu modéré, à couvert, pendant 40 minutes.

Ajouter ensuite la cannelle et le miel. Mélanger et laisser réduire la sauce quelques minutes. Enfin, ajouter les figues et poursuivre la cuisson 10 minutes à feu doux.

Servir bien chaud.

DINDONNEAU EN TAJINE

Préparation : 20 min – Cuisson : 1 h 10 min 6 pers. ✕ ∞

1 petit bouquet de persil et de coriandre / 4 oignons / 1 dindonneau de 2,500 kg environ (vidé et nettoyé par le volailler) / Deux pincées de safran / 1 cuil. à café de gingembre / 4 cuil. à soupe d'huile / 12 olives confites / 1 cuil. à café de paprika / 1/2 cuil. à café de cumin / 1 citron confit / Le jus de 1 citron / Sel.

Laver et hacher le persil et la coriandre. Peler les oignons et les émincer finement.

Mettre le dindonneau dans une cocotte avec les oignons émincés, le safran, le gingembre, l'huile et 2 verres d'eau. Saler et porter à ébullition. Laisser cuire pendant 1 heure environ en retournant le dindonneau régulièrement.

Ajouter alors les olives, le paprika, le cumin, la coriandre et le persil hachés, le citron confit coupé en quartiers et enfin le jus de citron.

Laisser réduire pour obtenir une sauce bien onctueuse.

Retirer du feu et servir aussitôt.

TAJINE DE PERDREAU

Préparation : 20 min – Cuisson : 40 min 4 pers. ✕✕✕ ∞

6 oignons / 3 cuil. à soupe d'huile d'arachide / 1/2 cuil. à café de cumin / 1/2 cuil. à café de paprika / 1/2 cuil. à café de gingembre / Une pincée de safran / 2 perdreaux (vidés) / 100 g de beurre / 1 bouquet de coriandre ficelé / 1 cuil. à café de farine / Sel, poivre.

Peler les oignons. Écraser 1 oignon avec du sel, 1 cuillerée à soupe d'huile, le cumin, le paprika, le gingembre, le safran et 1/2 cuillerée à café de poivre.

Enduire les perdreaux à l'intérieur et à l'extérieur avec ce mélange.

Faire chauffer le reste d'huile et le beurre dans une cocotte puis y faire revenir les perdreaux.

Verser 2 verres d'eau, ajouter le bouquet de coriandre et cuire à couvert à feu modéré pendant 30 minutes.

Couper le reste des oignons en rondelles.

Retirer les perdreaux cuits de la cocotte et les réserver au chaud.

Ajouter les rondelles d'oignon et laisser cuire une dizaine de minutes. Ajouter alors la farine, délayée dans un peu d'eau, à la sauce pour la lier.

Disposer les perdreaux sur un plat et napper de sauce onctueuse avant de servir.

TAJINE DE PINTADE

Préparation : 15 min – Cuisson : 2 h 4 à 6 pers.

4 carottes / 1 bulbe de fenouil / 4 cœurs d'artichaut / 2 petits navets tendres / 2 courgettes / 1 aubergine / 1 oignon / 2 gousses d'ail / 1 botte de coriandre / 1/2 cuil. à café de gingembre râpé / 1/2 cuil. à café de cumin / 1/2 cuil. à café de cannelle / Deux pincées de paprika / 3 cuil. à soupe d'huile d'olive / 1 pintade (coupée en morceaux par le volailler) / 1 citron confit / 15 olives vertes / Sel, poivre.

Gratter les carottes et les couper en rondelles. Laver et couper les légumes en gros dés.

Peler l'oignon et l'ail. Mixer avec la moitié de la coriandre, le gingembre, le cumin, la cannelle, le paprika et l'huile d'olive.

Enduire les morceaux de pintade avec cette préparation et les mettre dans le tajine slaoui. Ajouter les légumes, le reste de préparation et bien mélanger. Saler, poivrer et couvrir avec 2 verres d'eau.

Laisser cuire à couvert, à feu modéré, pendant 2 heures. Ajouter l'écorce de citron confit et les olives 10 minutes avant la fin de la cuisson.

Décorer avec le reste de coriandre ciselée et servir aussitôt.

TAJINE DE POULET AUX ABRICOTS SECS

Préparation : 15 min – Cuisson : 1 h 4 pers. XX OO

1 poulet / 2 gousses d'ail / 2 oignons / 3 cuil. à soupe d'huile d'olive / 1/2 cuil. à café de gingembre / 1/2 cuil. à café de curcuma / 1 cuil. à café de cannelle / 2 cuil. à soupe de miel / 1 kg d'abricots secs / 25 g de beurre / 1 cuil. à soupe de sucre en poudre / 2 cuil. à soupe de graines de sésame grillées / Sel, poivre.

Découper le poulet en morceaux. Peler les gousses d'ail et les oignons et les émincer.

Faire chauffer l'huile dans une cocotte et y faire dorer les morceaux de poulet.

Ajouter les oignons, l'ail, le gingembre et le curcuma. Saler, poivrer et verser 2 verres d'eau. Cuire à feu modéré, à couvert, pendant 1 heure. Ajouter ensuite 1/2 cuillerée à café de cannelle et le miel. Mélanger et laisser réduire la sauce quelques minutes.

Pendant ce temps, faire dorer les abricots secs avec un peu de sauce du poulet, le beurre, un peu de cannelle et le sucre.

Disposer les morceaux de poulet dans le plat de service, décorer avec les abricots caramélisés, napper de sauce et parsemer de graines de sésame.

Servir bien chaud.

Si vous réhydratez les abricots, profitez-en pour leur donner un goût particulier.

Vous pourrez, par exemple, ajouter le jus de 1 orange à l'eau dont ils vont se gorger.

Délicieux !

TAJINE DE POULET AUX ARTICHAUTS

Préparation : 15 min – Cuisson : 50 min – Marinade : 2 h 4 pers. XX OO

1 poulet / 4 cuil. à soupe d'huile d'olive / Le jus de 2 citrons / 1 cuil. à soupe de curcuma / 8 artichauts poivrade / Sel, poivre.

Découper le poulet en morceaux.

Délayer 2 cuillerées à soupe d'huile avec la moitié du jus de citron et le curcuma dans un saladier. Saler, poivrer et en enduire les morceaux de poulet. Laisser mariner pendant 2 heures en les retournant régulièrement.

Mettre ensuite le poulet et sa marinade dans le tajine slaoui, verser 1 verre d'eau et cuire à couvert à feu modéré pendant 30 minutes.

Pendant ce temps, nettoyer les artichauts, couper le bout des feuilles et extraire le foin avec un petit couteau.

Faire chauffer le reste d'huile dans une poêle puis y faire revenir les artichauts avec le reste du jus de citron. Ajouter alors les artichauts et l'huile de cuisson dans le tajine et poursuivre la cuisson pendant 20 minutes à couvert.

Servir bien chaud directement dans le plat à tajine.

TAJINE DE POULET AUX AUBERGINES

Préparation : 10 min – Cuisson : 1 h – Marinade : 1 nuit 4 pers.

2 oignons / 3 gousses d'ail / 1 petit bouquet de persil / 1 cuil. à soupe de gingembre / 1 cuil. à café de curcuma / Une pincée de safran / 7 cuil. à soupe d'huile d'olive / Le jus de 1 citron et demi / 1 poulet coupé en morceaux / 2 aubergines / Sel, poivre.

Peler et couper les oignons en morceaux. Peler les gousses d'ail.

Mélanger et mixer grossièrement les oignons, l'ail, le persil, le gingembre, le curcuma, le safran, 3 cuillerées à soupe d'huile d'olive et le jus de 1 citron.

Mettre la viande dans un saladier et verser la marinade dessus. Veiller à bien enduire tous les morceaux et mettre au réfrigérateur pour la nuit.

Sortir le poulet du réfrigérateur 1 heure avant de l'utiliser.

Mettre les morceaux de poulet dans le tajine slaoui, couvrir de 2 verres d'eau et cuire pendant 50 minutes environ.

Dans le même temps, éplucher les aubergines puis les couper en dés et les saler. Une fois qu'elles ont dégorgé, les rincer et les sécher.

Faire chauffer le reste d'huile dans une poêle et y faire revenir les aubergines. Enlever le trop-plein d'huile en fin de cuisson.

Lorsque le poulet est cuit, le retirer et le réserver au chaud.

Transvaser les aubergines dans le tajine et ajouter le reste de jus de citron. Les écraser avec une spatule en bois, saler et poivrer.

Remettre le poulet quelques minutes puis servir bien chaud.

TAJINE DE POULET AUX CAROTTES

Préparation : 20 min – Cuisson : 1 h 15 min   4 à 6 pers.

1,500 kg de carottes / 2 gousses d'ail / 1 poulet / 1 cuil. à café de gingembre / Deux pincées de safran / 4 cuil. à soupe d'huile / 1 petit bouquet de persil / 1 citron confit / 10 olives confites / Le jus de 1 citron / Sel, poivre.

Laver les carottes, les éplucher puis les couper en petits cubes. Peler et écraser les gousses d'ail.

Couper le poulet en morceaux et les mettre dans une cocotte. Ajouter le gingembre, le safran, l'ail écrasé et l'huile. Saler, poivrer et couvrir avec 2 verres d'eau.

Porter à ébullition puis remuer avant de jeter les carottes et le persil dans la cocotte. Poursuivre la cuisson pendant 1 heure, à couvert, à feu modéré.

Couper le citron confit en quartiers et l'ajouter avec les olives et le jus de citron. Laisser réduire jusqu'à obtention d'une sauce onctueuse.

Servir bien chaud.

TAJINE DE POULET AUX DATTES ET AUX AMANDES

Préparation : 15 min – Cuisson : 1 h 15 min   4 pers.

2 oignons / 750 g de dattes / 1 poulet / 1 bâton de cannelle / Deux pincées de safran / 200 g de beurre / 1 cuil. à café de cannelle en poudre / 2 cuil. à café de sucre en poudre / 3 cuil. à soupe de miel / 500 g d'amandes mondées et grillées / Sel, poivre.

Peler et émincer les oignons. Laver les dattes.

Découper le poulet en morceaux et les mettre dans une marmite.

Ajouter le bâton de cannelle, le safran, 120 g de beurre et les oignons. Saler et poivrer.

Couvrir d'eau, porter à ébullition et laisser mijoter 45 minutes à petits frémissements. Ajouter la cannelle et le sucre en poudre et poursuivre la cuisson pendant 15 minutes.

Pendant ce temps, faire revenir les dattes dans une poêle, dans le reste de beurre, avec 1 cuillerée à soupe de miel.

Ajouter les amandes et le reste de miel dans la cocotte, et laisser réduire quelques minutes à feu doux.

Disposer le poulet, les dattes et les amandes dans le tajine slaoui et arroser de sauce au miel.

Servir bien chaud.

TAJINE DE POULET FARCI AU COUSCOUS

Préparation : 30 min – Cuisson : 1 h 45 min 4 à 6 pers. XX ∞

100 g de semoule de couscous cuite / 100 g de raisins secs / 100 g d'amandes mondées grillées / 125 g de beurre / 1 poulet / 4 cuil. à soupe d'huile d'olive / 2 oignons / Deux pincées de safran / 2 cuil. à soupe de miel / 1/2 cuil. à café de cannelle / Sel, poivre.

Mélanger la semoule, les raisins, les amandes et le beurre, saler et poivrer. Farcir le poulet avec cette préparation et coudre l'ouverture.

Faire chauffer l'huile dans une cocotte et y faire dorer le poulet.

Peler les oignons et les hacher grossièrement. Les ajouter dans la cocotte ainsi que le safran. Verser 2 verres d'eau et cuire à couvert pendant 1 heure 30 minutes.

Lorsque le poulet est cuit, le retirer et le réserver au chaud. Ajouter le miel et la cannelle dans la cocotte et laisser réduire un peu pour obtenir une sauce bien miellée.

Disposer le poulet sur le plat de service et arroser de sauce.

Servir aussitôt.

TAJINE DE POULET FARCI

Préparation : 30 min – Cuisson : 1 h 4 à 6 pers. XXX ∞

1 poulet (désossé et vidé par le volailler) / 3 verres de riz / 200 g d'amandes mondées / 150 g de raisins secs / 2 cuil. à café de sucre en poudre / 1/2 cuil. à café de gingembre / Deux pincées de safran / 100 g de beurre / 2 cuil. à soupe d'eau de rose / 1 oignon émincé / 1/2 cuil. à café de cannelle en poudre / Sel, poivre.

Saler et poivrer l'intérieur du poulet. Coudre l'incision faite sur le dos du poulet en laissant une ouverture au niveau du croupion.

Mélanger le riz avec les amandes concassées, les raisins, le sucre, le gingembre, le safran, 25 g de beurre et 1 cuillerée à soupe d'eau de rose, saler et poivrer.

Farcir le poulet avec cette préparation puis coudre l'orifice.

Faire chauffer le reste de beurre dans une cocotte et y faire dorer le poulet. Ajouter 2 verres d'eau et mettre à cuire pendant 1 heure à feu doux, à couvert. Arroser avec la sauce de cuisson de temps en temps.

Retirer alors le poulet, le réserver et ajouter l'oignon, la cannelle et la seconde cuillerée à soupe d'eau de rose. Laisser la sauce réduire quelques minutes.

Couper le poulet en tranches, napper de sauce et servir aussitôt.

TAJINE DE POULET FARCI AU PERSIL

Préparation : 30 min – Cuisson : 1 h 15 min 4 pers.

1 bol de persil haché / 2 branches de céleri / L'écorce de 1 citron confit / 500 g de tomates / 1/2 cuil. à café de piment fort / 25 g de beurre / 1 poulet (vidé par le volailler) / 3 cuil. à soupe d'huile d'olive / 2 oignons coupés en rondelles / Cumin / Sel, poivre.

Hacher ensemble le persil, le céleri et l'écorce de citron confit.

Peler, épépiner et couper les tomates en petits dés. Les mélanger avec le persil et le céleri haché, ajouter le piment, le beurre, saler et poivrer. Farcir le poulet avec cette préparation et coudre l'ouverture.

Faire chauffer l'huile dans une cocotte, ajouter les oignons, saler et poivrer puis y mettre le poulet. Mouiller avec 2 verres d'eau et cuire à couvert à feu doux pendant 1 heure 15 minutes environ.

Servir bien chaud accompagné de coupelles de cumin et de sel mélangés.

TAJINE DE POULET AU MIEL

Préparation : 10 min – Cuisson : 1 h 15 min 4 pers. XX ꝏ

1 poulet / 6 cuil. à soupe d'huile d'arachide / 4 oignons / 1/2 cuil. à café de cannelle / 2 cuil. à soupe de miel / 100 g d'amandes émondées / Sel, poivre.

Couper le poulet en morceaux.

Faire chauffer 4 cuillerées à soupe d'huile dans un tajine et y faire revenir le poulet.

Peler et émincer les oignons.

Quand les morceaux sont bien dorés, ajouter les oignons, bien mélanger puis ajouter 2 verres d'eau. Saler et poivrer, ajouter la cannelle et laisser cuire à petits frémissements pendant 45 minutes.

Ajouter alors le miel et laisser réduire une quinzaine de minutes supplémentaires pour obtenir une sauce bien onctueuse.

Pendant ce temps, faire frire les amandes à la poêle dans un peu d'huile.

Décorer avec les amandes grillées avant de servir.

TAJINE DE POULET AUX ŒUFS

Préparation : 30 min – Cuisson : 40 min 4 pers. XX ꝏ

125 g de beurre / 1 oignon émincé / 1 petit bâton de cannelle / Deux pincées de safran / 4 escalopes de poulet / Le jus de 1 citron / 1 petit bouquet de persil / 5 œufs / Une pincée de cumin / 1/2 cuil. à café de cannelle / Deux pincées de paprika / Sel, poivre.

Faire chauffer le beurre dans un tajine avec l'oignon émincé, le bâton de cannelle, 1/2 cuillerée à café de poivre et le safran.

Couper les escalopes en morceaux et les faire dorer dans le tajine. Ajouter ensuite 2 verres d'eau et cuire à couvert, à feu modéré, pendant 30 minutes.

Lorsque le poulet est cuit, ajouter le jus de citron et le persil haché. Laisser la sauce réduire à feu doux.

Pendant ce temps, battre les œufs avec le cumin et la cannelle, saler et poivrer.

Retirer une partie de la sauce et la réserver au chaud. Verser ensuite les œufs sur le poulet. Saupoudrer de paprika et mettre le tajine au four 10 minutes à 220 °C (th. 7-8).

Verser le reste de sauce dessus avant de servir.

TAJINE DE POULET AUX OIGNONS SUCRÉS

Préparation : 30 min – Cuisson : 1 h 15 min 4 à 6 pers.

1 poulet / 2 kg d'oignons / Deux pincées de safran / 125 g de beurre / 1 bâton de cannelle/ 3 cuil. à soupe de sucre en poudre / 2 cuil. à café de cannelle en poudre / Sel, poivre.

Découper le poulet en morceaux. Peler les oignons et les couper en rondelles de 5 mm d'épaisseur.

Mettre les morceaux de poulet dans le tajine et ajouter le safran, le beurre, le bâton de cannelle et 1/2 cuillerée à café de poivre noir. Saler et verser 1 verre d'eau.

Porter à ébullition, mélanger puis ajouter les oignons.

Laisser cuire une quinzaine de minutes puis retirer la viande et ajouter le sucre en poudre et la cannelle. Bien mélanger puis remettre les morceaux de poulet et poursuivre la cuisson à découvert pendant 45 minutes. Ajouter de l'eau en cours de cuisson si nécessaire.

Passer le plat sous le gril quelques minutes pour faire caraméliser les oignons.

Servir aussitôt.

TAJINE DE POULET AUX OIGNONS ET AUX RAISINS

Préparation : 30 min – Cuisson : 40 min 4 pers.

3 cuil. à soupe d'huile d'olive / Deux pincées de safran / 4 blancs de poulet / 4 oignons / 2 cuil. à soupe de sucre en poudre / 1 cuil. à soupe de miel / 1/2 cuil. à café de gingembre / 1/2 cuil. à café de cannelle / 150 g de raisins secs / Sel, poivre.

Faire chauffer l'huile dans une cocotte avec le safran et y faire dorer les blancs de poulet.

Pendant ce temps, peler et couper les oignons en rondelles.

Saler, poivrer et verser 2 verres d'eau. Ajouter le sucre et les oignons puis couvrir et cuire pendant 30 minutes à feu modéré.

Retirer le poulet et le réserver.

Ajouter le miel, le gingembre et la cannelle, saler et poivrer et bien mélanger. Laisser réduire un peu pour obtenir une sauce onctueuse.

Pendant ce temps, faire gonfler les raisins dans l'eau bouillante.

Disposer les blancs de poulet et les oignons dans un tajine, napper avec la sauce et terminer par les raisins secs.

Servir aussitôt.

TAJINE DE POULET AUX OLIVES ET AUX CITRONS CONFITS

Préparation : 20 min – Cuisson : 1 h 45 min 4 à 6 pers. XX ꝏ

1 poulet / 2 gousses d'ail / 2 oignons / 1 bouquet de persil plat / 1/2 cuil. à café de gingembre râpé / 3 cuil. à soupe d'huile d'olive / 1 citron confit coupé en lamelles / 175 g d'olives confites / Sel, poivre.

Découper le poulet en morceaux.

Peler et hacher l'ail. Peler et émincer les oignons. Laver et hacher finement le persil.

Frotter les morceaux de poulet avec la moitié de l'ail haché, les mettre dans une cocotte, saler et poivrer. Ajouter le gingembre, les oignons émincés et le reste d'ail, bien mélanger et faire revenir à feu moyen pendant 5 minutes.

Mouiller de 2 verres d'eau, ajouter le persil, porter à ébullition avant d'ajouter l'huile d'olive. Poursuivre la cuisson à couvert, à feu moyen, pendant 1 heure 30 minutes environ.

Lorsque le poulet est cuit, le retirer de la cocotte et réserver.

Laisser réduire en remuant quelques minutes pour obtenir une sauce onctueuse. Ajouter alors les lamelles de citron confit et les olives et cuire 5 minutes supplémentaires.

Disposer les morceaux de poulet dans un plat de service, arroser de sauce et décorer avec les olives.

Servir bien chaud.

Soyez parcimonieux avec le sel, le citron confit et les olives étant eux-mêmes très salés.

TAJINE DE POULET À L'ORANGE

Préparation : 20 min – Cuisson : 1 h 50 min 4 à 6 pers. XX ꝏ

1 poulet / 1/2 cuil. à café de gingembre râpé / Une pincée de safran / 2 oignons / 1 bouquet de coriandre / 170 g de beurre / 1 bâton de cannelle / 5 oranges / 2 cuil. à café d'eau de fleur d'oranger / 3 cuil. à soupe de sucre en poudre / 1/2 cuil. à café de cannelle en poudre / Sel / 1/2 cuil. à café de poivre.

Couper le poulet en morceaux et les mettre dans une cocotte avec le gingembre, le safran, le poivre. Saler et mélanger puis les faire revenir à feu doux quelques minutes.

Peler les oignons et les émincer finement.

Couvrir le poulet de 2 verres d'eau, ajouter les oignons, la coriandre ciselée, 150 g de beurre et le bâton de cannelle et porter à ébullition.

Cuire pendant 1 heure 30 minutes environ, à feu moyen, en retournant les morceaux de poulet régulièrement.

Retirer le poulet et le réserver.

Laisser réduire la sauce en la remuant à l'aide d'une cuillère en bois jusqu'à ce qu'elle soit bien onctueuse.

Éplucher les oranges et les couper en quatre. Les mettre dans une casserole avec le reste de beurre, l'eau de fleur d'oranger, le sucre en poudre et la cannelle en poudre. Faire caraméliser à feu moyen.

Réchauffer le poulet dans la sauce puis décorer avec les oranges caramélisées avant de servir.

TAJINE DE POULET AUX PETITS POIS ET AUX POMMES DE TERRE

Préparation : 45 min – Cuisson : 1 h 30 min 4 pers.
Marinade : 1 h

1 poulet / 3 gousses d'ail / 3 cuil. à soupe d'huile d'olive / 1 bouquet de coriandre hachée / Le jus de 1 citron / 1/2 cuil. à café de paprika / 1 cuil. à café de cannelle / 2 tomates / 500 g de pommes de terre / 4 petits oignons frais / 500 g de petits pois / Sel, poivre.

Couper le poulet en morceaux.

Peler et écraser l'ail. Préparer une marinade avec 2 cuillerées à soupe d'huile d'olive, la coriandre, l'ail, le jus de citron, le paprika, la cannelle et un peu de sel. Enduire les morceaux de poulet avec cette préparation et laisser mariner 1 heure.

Laver les tomates, les peler puis les couper en cubes. Éplucher les pommes de terre et les couper en quatre.

Faire chauffer le reste d'huile dans une cocotte et y faire dorer le poulet. Réserver la marinade. Ajouter les tomates et poursuivre la cuisson à feu doux pendant 10 minutes.

Ajouter alors les pommes de terre, les oignons et les petits pois. Saler et poivrer. Laisser mijoter à couvert pendant 1 heure environ. Ajouter un peu d'eau en cours de cuisson si nécessaire.

Servir bien chaud.

TAJINE DE POULET AUX POIS CHICHES

Préparation : 30 min – Cuisson : 1 h 15 min 4 à 6 pers.
Repos : 1 nuit

1 poulet / 1/2 cuil. à café de paprika / 1/2 cuil. à café de cumin en poudre / 100 g de beurre / 700 g d'oignons émincés / 125 g de pois chiches (trempés une nuit) / Deux pincées de safran / Le jus de 1 citron / 1 bouquet de persil haché / Sel, poivre.

Découper le poulet en morceaux puis les assaisonner avec le paprika, le cumin et un peu de poivre.

Faire fondre le beurre dans une cocotte et y faire revenir les morceaux de poulet.

Quand le poulet est bien doré, ajouter les oignons émincés, les pois chiches et le safran. Couvrir de 3 verres d'eau et laisser mijoter 1 heure à feu moyen.

Disposer le poulet sur le plat de service, arroser de jus de citron et parsemer de persil avant de servir.

Vous pouvez déguster ce plat avec de la semoule ou du riz blanc.

TAJINE DE POULET AUX POMMES DE TERRE

Préparation : 15 min – Cuisson : 1 h 30 min 4 pers. ✗✗ ⚭

1 poulet / 2 oignons / 1,500 kg de pommes de terre à chair ferme / 4 cuil. à soupe d'huile d'olive / 1/2 cuil. à café de gingembre / 1/2 cuil. à café de paprika / Une pincée de safran / 1/2 cuil. à café de cumin / 1 petit bouquet de persil plat haché / 15 olives vertes dénoyautées / L'écorce de 1 citron confit / Sel, poivre.

Découper le poulet en morceaux. Peler et émincer finement les oignons.

Éplucher les pommes de terre et les couper en deux ou en quatre selon leur taille.

Mettre les morceaux de poulet dans une cocotte avec l'huile d'olive, le gingembre, le paprika, le safran, le cumin et les oignons. Verser 2 verres d'eau, saler, poivrer puis couvrir et laisser cuire pendant 1 heure.

Retirer alors le poulet, le réserver et le remplacer par les pommes de terre. Ajouter un peu d'eau pour les recouvrir et poursuivre la cuisson à couvert pendant 20 minutes.

Ajouter le persil, les olives et l'écorce de citron confit coupée en lamelles. Laisser réduire pour que la sauce soit bien onctueuse.

Remettre le poulet dans la cocotte et cuire encore quelques minutes.

Dresser la viande dans le plat de service, entourer de pommes de terre et napper de sauce aux olives.

Servir bien chaud.

TAJINE DE POULET AUX PRUNEAUX

Préparation : 15 min – Cuisson : 1 h 15 min 4 pers. ✗✗ ⚭

1 poulet / 3 cuil. à soupe d'huile d'arachide / 2 oignons / 1/2 cuil. à café de cannelle / Deux pincées de safran / 250 g de pruneaux dénoyautés / 100 g d'amandes émondées / Sel, poivre.

Découper le poulet en morceaux et les faire revenir dans une cocotte avec un peu d'huile.

Peler et émincer finement les oignons.

Lorsque les morceaux sont bien dorés, ajouter les oignons, remuer puis couvrir de 2 verres d'eau. Saler et poivrer puis ajouter la cannelle et le safran. Laisser cuire à petits frémissements pendant 1 heure.

Ajouter les pruneaux et poursuivre la cuisson 15 minutes.

Disposer dans un plat de service et décorer avec les amandes avant de servir.

Vous pouvez « regonfler » les pruneaux en les laissant tremper 1 heure dans de l'eau tiède.

POULET AUX PRUNEAUX ET AU MIEL

Préparation : 15 min – Cuisson : 1 h 15 min 4 pers.

1 oignon / 1 poulet / 100 g de beurre / Deux pincées de safran / 1 bâton de cannelle / 250 g de pruneaux / 3 cuil. à soupe de miel / 1/2 cuil. à café de cannelle / 100 g d'amandes / 2 cuil. à soupe d'huile / 2 cuil. à café de graines de sésame grillées / Sel, poivre.

Peler et émincer l'oignon.

Couper le poulet en morceaux.

Faire chauffer le beurre, l'oignon émincé, le safran, 1/2 cuillerée à café de poivre et le bâton de cannelle dans une cocotte. Ajouter les morceaux de poulet et 2 verres d'eau et cuire pendant 1 heure à feu modéré. Retourner le poulet régulièrement.

Lorsque le poulet est cuit, le retirer et le réserver.

Ajouter ensuite les pruneaux et poursuivre la cuisson 15 minutes avant de verser le miel et la cannelle. Réduire jusqu'à obtention d'une sauce onctueuse. Rectifier l'assaisonnement puis remettre les morceaux de poulet.

Pendant ce temps, faire dorer les amandes à la poêle dans un peu d'huile.

Dresser sur un plat et décorer avec les amandes et les graines de sésame avant de servir.

TAJINE DE POULET AU POTIRON

Préparation : 30 min – Cuisson : 1 h 4 pers.

4 escalopes de poulet / 1 oignon / 2 cuil. à soupe d'huile d'olive / 1/2 cuil. à café de gingembre / Une pincée de safran / 1 bâton de cannelle / 1 petit potiron (800 g environ) / 3 cuil. à soupe d'huile d'arachide / 2 cuil. à soupe de miel / 1/2 cuil. à café de cannelle en poudre / Sel, poivre.

Couper les escalopes en deux. Peler et émincer l'oignon.

Mettre le poulet dans une cocotte avec l'huile d'olive, le gingembre, le safran, le bâton de cannelle et l'oignon émincé. Saler et poivrer. Faire revenir quelques minutes, ajouter 1 verre d'eau, couvrir et porter à ébullition. Baisser le feu et laisser cuire à feu doux pendant 15 minutes.

Dans le même temps, couper le potiron en quatre et retirer la chair. Enlever toutes les graines et les filaments. Couper la chair en cubes, les plonger 10 minutes dans de l'eau bouillante puis les égoutter.

Lorsque la viande est cuite, la retirer et la réserver au chaud.

Retirer le bâton de cannelle.

Ajouter l'huile d'arachide dans la cocotte puis les cubes de potiron. Les écraser avec une spatule. Lorsque le potiron est réduit en purée, ajouter le miel, saler et bien mélanger.

Laisser mijoter la purée pendant 30 minutes pour qu'elle soit bien dorée. Ajouter la cannelle en poudre en remuant.

Disposer le poulet dans le tajine, napper de purée et de sauce.

Servir bien chaud.

TAJINE DE POULET À LA TOMATE

Préparation : 20 min – Cuisson : 1 h 35 min 6 pers.

1 poulet / 1 cuil. à café de gingembre / Deux pincées de safran / 4 cuil. à soupe d'huile d'olive / 3 kg de tomates / 500 g de pommes de terre / 1 bouquet de persil haché / Sel, poivre.

Découper le poulet en morceaux et les placer dans une cocotte. Saler, ajouter le gingembre, le safran et l'huile d'olive et couvrir avec 2 verres d'eau. Faire cuire à couvert à feu moyen, en remuant de temps en temps, pendant 45 minutes.

Pendant ce temps, éplucher, épépiner et couper en morceaux les tomates. Laver et éplucher les pommes de terre et les faire cuire 30 minutes à la vapeur.

Retirer et réserver le poulet puis ajouter les tomates et le persil dans la cocotte. Saler et poivrer. Laisser frémir puis baisser le feu et laisser réduire à feu doux en remuant régulièrement pour que les tomates n'attachent pas.

Lorsque les tomates sont réduites en purée, remettre les morceaux de poulet et poursuivre la cuisson 30 minutes environ.

Disposer les morceaux de poulet et les pommes de terre dans le plat de service et napper de sauce tomate. Servir aussitôt.

Ébouillantez les tomates quelques secondes pour les éplucher plus facilement.

TAJINE DE POULET À LA TOMATE ET AU MIEL

Préparation : 30 min – Cuisson : 1 h 30 min 4 à 6 pers.

2 kg de tomates / 1 oignon / 1 poulet / 4 cuil. à soupe d'huile d'olive / Deux pincées de safran / 4 cuil. à soupe de miel / 2 cuil. à café de cannelle / 75 g d'amandes émondées / Sel, poivre.

Peler les tomates, les épépiner puis les couper en cubes. Peler et émincer l'oignon.

Couper le poulet en morceaux et les placer dans le tajine. Ajouter les tomates, l'huile d'olive, le safran, l'oignon et 1/2 cuillerée à café de poivre. Saler et ajouter 1 verre d'eau. Cuire à couvert pendant 1 heure 15 minutes à feu modéré.

Retirer alors les morceaux de poulet et les réserver.

Laisser la purée de tomate réduire quelques minutes puis ajouter le miel et la cannelle. Mélanger puis remettre le poulet et remuer pour qu'il s'imprègne bien de sauce.

Pendant ce temps, faire revenir les amandes dans une poêle avec un peu d'huile.

Servir dans le plat décoré avec les amandes dorées.

Si vous préparez ce plat à l'avance, faites dorer les amandes juste avant de servir.

TAJINE DE TRIPES

Préparation : 45 min – Cuisson : 2 h 4 pers.

1,500 kg de tripes (agneau ou veau) / 2 tomates / 2 oignons / 4 cuil. à soupe d'huile d'olive / 1 cuil. à café de Ras el Hanout / 1/2 cuil. à café de paprika / 2 gousses d'ail écrasées / 1 bouquet de coriandre / 250 g d'olives vertes dénoyautées / L'écorce de 1 citron confit / Sel, poivre.

Blanchir les tripes une quinzaine de minutes dans de l'eau bouillante salée puis les couper en morceaux.

Peler les tomates et les couper en dés. Peler les oignons et les couper en rondelles.

Dans une cocotte, faire chauffer l'huile puis ajouter les tomates, les épices, l'ail et les tripes. Saler et faire revenir pendant 15 minutes. Ajouter les oignons et la coriandre hachée et poursuivre la cuisson 10 minutes. Ajouter 2 verres d'eau et laisser cuire 1 heure à couvert.

Ajouter alors les olives, le citron confit et cuire 15 minutes supplémentaires.

Servir bien chaud.

TAJINE DE PIEDS DE VEAU

Préparation : 10 min – Cuisson : 2 h 4 pers.

4 pieds de veau / 2 oignons / 1 petit bouquet de coriandre / 400 g de pois chiches (ayant trempé pendant 1 nuit) / 150 g de raisins / 1 cuil. à café de paprika / Une pincée de piment fort / 3 cuil. à soupe d'huile d'olive / Sel, poivre.

Découper les pieds de veau en quatre. Peler et émincer finement les oignons. Laver et ciseler les feuilles de coriandre.

Égoutter les pois chiches.

Mettre la viande, les raisins, les pois chiches, les oignons, les épices et l'huile d'olive dans une cocotte. Saler, poivrer et arroser de 2 verres d'eau.

Laisser cuire à feu modéré, à couvert, pendant 2 heures. Ajouter de l'eau en cours de cuisson si nécessaire.

Ajouter la coriandre en fin de cuisson.

Servir bien chaud.

TAJINE DE LAPIN

Préparation : 15 min – Cuisson : 1 h 30 min 4 à 6 pers.

1 lapin / 1 gousse d'ail / 1 oignon / 2 carottes / 1 céleri / 25 g de beurre / Une pincée de safran / Quelques brins de thym / 1 cuil. à soupe de farine / Quelques brins de persil haché / 1 cuil. à soupe de jus de citron / Sel, poivre.

Nettoyer le lapin et le couper en morceaux.

Peler et hacher l'ail et l'oignon. Laver les carottes et le céleri et les couper en dés.

Faire revenir, au beurre, dans une cocotte, les morceaux de lapin, l'oignon et l'ail, le safran et le thym. Saler et poivrer. Retirer les morceaux de lapin lorsqu'ils sont bien dorés.

Diluer la farine dans le fond de cuisson et faire revenir quelques instants avant de retirer du feu.

Ajouter 2 verres d'eau et remuer. Remettre le lapin puis ajouter les légumes. Laisser cuire 1 heure 30 minutes à feu modéré.

Saupoudrer de persil haché et arroser de jus de citron au moment de servir.

Servir chaud.

TAJINE DE LAPIN AUX FIGUES FRAÎCHES

Préparation : 15 min – Cuisson : 1 h 30 min 4 à 6 pers.

1 lapin coupé en morceaux par le boucher / 1 cuil. à soupe de cumin / 1 cuil. à café de paprika / 1/2 cuil. à café de Ras el Hanout / 2 gousses d'ail écrasées / 3 cuil. à soupe d'huile d'olive / 800 g de pommes de terre nouvelles / 500 g de figues fraîches / Sel, poivre.

Dans une cocotte, faire revenir les morceaux de lapin avec le cumin, le paprika, le Ras el Hanout et l'ail écrasé dans l'huile. Saler et couvrir de 2 verres d'eau.

Éplucher les pommes de terre et les couper en quatre.

Au bout de 10 minutes, ajouter les pommes de terre et poursuivre la cuisson à couvert pendant 40 minutes. Ajouter alors les figues et laisser mijoter une vingtaine de minutes.

Disposer la viande, les pommes de terre et les figues dans le tajine slaoui.

Servir bien chaud.

TAJINE DE LAPIN AUX PRUNEAUX

Préparation : 15 min – Cuisson : 1 h   4 à 6 pers.

1 lapin coupé en morceaux / 2 oignons émincés / 1/4 de cuil. à café de gingembre / 1 cuil. à café de cannelle / Deux pincées de safran / 4 cuil. à soupe d'huile / 500 g de pruneaux / 25 g de beurre / 2 cuil. à soupe de sucre en poudre / 2 cuil. à soupe de miel / Sel, poivre.

Mettre les morceaux de lapin dans une cocotte avec les oignons, le gingembre, une bonne pincée de cannelle, le safran et l'huile. Saler, poivrer et couvrir d'eau puis laisser cuire pendant 45 minutes environ.

Dans le même temps, mettre les pruneaux dans une casserole. Couvrir d'eau et porter à ébullition. Lorsque l'eau prend une couleur brune, la vider et garder les pruneaux dans la casserole sur le feu. Ajouter alors le beurre, le reste de cannelle, le sucre et le miel. Laisser réduire pour obtenir une sauce onctueuse.

Disposer les morceaux de lapin et les pruneaux sur un plat et napper de sauce.

Servir bien chaud.

TAJINE DE LIÈVRE AU MIEL

Préparation : 15 min – Cuisson : 1 h 15 min 4 à 6 pers. XX OO

1 cuil. de Ras el Hanout / Deux pincées de safran / 1 cuil. à café de cannelle / 1 lièvre (vidé par le volailler) / 150 g de raisins secs / 150 g de beurre / 150 g d'amandes émondées / 2 oignons émincés / 4 cuil. à soupe de miel / Sel, poivre.

Mélanger le Ras el Hanout, 1/2 cuillerée à café de poivre, le safran et la cannelle et en enduire le lièvre. Mélanger ensuite les épices avec les raisins secs et réserver.

Placer le lièvre coupé en morceaux dans une cocotte, saler et ajouter le beurre, les amandes et les oignons émincés. Couvrir d'eau et laisser cuire à couvert pendant 1 heure.

Lorsque le lièvre est cuit, le retirer et le réserver.

Ajouter le miel et les raisins secs dans la cocotte toujours sur le feu. Bien mélanger et laisser réduire jusqu'à obtention d'une sauce onctueuse.

Remettre le lièvre dans la sauce 5 minutes pour qu'il s'en imprègne avant de retirer du feu.

Servir bien chaud.

Le même tajine peut se faire avec du lapin de garenne.

TAJINE DE CHAMEAU

Préparation : 20 min – Cuisson : 4 h – Marinade : 1 nuit 4 pers. XX OOO

600 g de cuisse de chameau / 3 gousses d'ail / 1 oignon / 1 petit bouquet de persil plat / 6 cuil. à soupe d'huile d'olive / 1 cuil. à café de cumin / 1 cuil. à café de paprika / 1/2 cuil. à café de gingembre moulu / Le jus de 1 citron / 1 kg de pommes de terre / Sel, poivre.

Découper la viande en morceaux.

Peler et hacher les gousses d'ail et l'oignon. Laver et ciseler le persil.

Mélanger 4 cuillerées à soupe d'huile d'olive avec l'ail, l'oignon, le cumin, le paprika, le gingembre, le persil et le jus de citron. Saler et poivrer puis en enduire la viande. Laisser mariner pendant 1 nuit.

Faire chauffer le reste d'huile dans le plat à tajine. Ajouter la viande et sa marinade, couvrir de 2 verres d'eau et cuire, à couvert, pendant 3 heures, à feu très doux.

Pendant ce temps, éplucher les pommes de terre et les couper en deux. Les ajouter dans le tajine et poursuivre la cuisson 1 heure en ajoutant un peu d'eau si nécessaire.

Servir bien chaud directement dans le plat.

La viande de chameau est très nutritive et revigorante ; on l'appréciera d'autant plus après une marche dans le désert.

TAJINE DE BOULETTES DE KEFTA

Préparation : 30 min – Cuisson : 40 min – Repos : 30 min 6 pers.

1 bouquet de persil / Quelques feuilles de menthe / 2 oignons / 1 kg de viande de bœuf hachée / 50 g de graisse de viande hachée / 1 cuil. à café de cumin / 1/2 cuil. à café de piment doux / Une pincée de piment fort / 1,500 kg d'aubergines / 3 tomates / 2 cuil. à soupe d'huile d'olive / 3 gousses d'ail / 3 cuil. à soupe de farine / Sel.

Laver et hacher finement le persil et les feuilles de menthe. Peler et émincer les oignons. Mélanger la viande hachée avec la graisse de viande hachée, le cumin, les piments, la moitié du persil haché, la menthe hachée et la moitié des oignons émincés. Saler. Bien pétrir et laisser reposer 30 minutes.

Couper les aubergines en lamelles et les faire dégorger dans du sel.

Faire fondre les tomates dans l'huile d'olive pendant une dizaine de minutes puis ajouter le reste d'oignons, l'ail écrasé et le reste du persil et poursuivre la cuisson 10 minutes, à couvert.

Confectionner les boulettes, les ajouter dans le tajine et cuire à couvert 20 minutes.

Pendant ce temps, saupoudrer les lamelles d'aubergine de farine et les faire frire dans de l'huile bien chaude. Égoutter les aubergines et en décorer le plat avant de servir.

TAJINE DE VEAU AUX AMANDES

Préparation : 15 min – Cuisson : 1 h 45 min 4 à 6 pers.

1 kg de jarret de veau / 1 kg d'oignons / 100 g de beurre / 200 g d'amandes émondées / Deux pincées de safran / 1 petit bouquet de persil / Sel, poivre.

Couper la viande en morceaux. Peler et couper 1 oignon en rondelles.

Faire chauffer le beurre dans une cocotte puis y mettre les morceaux de viande, les rondelles d'oignon, les amandes et le safran. Saler, poivrer et couvrir d'eau.

Cuire à couvert pendant 1 heure 30 minutes. Ajouter un peu d'eau en cours de cuisson si nécessaire.

Peler le reste d'oignons et les émincer. Laver et hacher le persil.

Retirer la viande de la cocotte et y placer les oignons. Ajouter le persil, saler, bien mélanger et cuire une quinzaine de minutes.

Réchauffer la viande dans la cocotte et servir aussitôt.

TAJINE DE VEAU AUX ARTICHAUTS

Préparation : 10 min – Cuisson : 1 h 15 min 6 pers.

1,500 kg de jarret de veau / 3 cuil. à soupe d'huile d'olive / 1 cuil. à café de gingembre moulu / 1/2 cuil. à café de safran / 1 cuil. à café de piment doux / 12 cœurs d'artichaut / L'écorce de 1 citron confit / 10 olives confites / Sel, poivre.

Découper la viande en gros dés et la mettre dans le tajine. Ajouter l'huile d'olive, le gingembre, le safran et le piment doux. Saler et poivrer. Couvrir d'eau froide et porter à ébullition. Laisser mijoter à feu moyen pendant 1 heure.

Lorsque la viande est cuite, la retirer du tajine et la réserver.

Continuer la cuisson en ajoutant les cœurs d'artichaut, le citron confit et les olives. Arroser d'un peu d'eau si nécessaire.

Puis laisser réduire jusqu'à obtention d'une sauce onctueuse. Remettre alors les morceaux de viande dans le tajine, en prenant soin de garder les cœurs entiers, puis réchauffer 5 minutes à feu très doux.

Servir aussitôt.

Traditionnellement, on utilise plutôt les artichauts sauvages que l'on trouve en grande quantité au Maroc. Le foin est d'ailleurs toujours utilisé pour faire cailler le lait.

TAJINE DE VEAU AUX AUBERGINES FRITES

Préparation : 20 min – Cuisson : 2 h – Repos : 30 min 4 à 6 pers.

2 kg d'aubergines / 1 kg de veau (jarret, épaule ou collier) / 2 gousses d'ail écrasées / Deux pincées de safran / 1/2 cuil. à café de gingembre / 3 cuil. à soupe d'huile d'olive / 2 tomates / Le jus de 1 citron / 4 cuil. à soupe d'huile de tournesol / Sel.

Laver les aubergines, les éplucher en laissant des intervalles de 1 cm de peau puis les couper en rondelles. Les faire dégorger dans du gros sel pendant 30 minutes puis les éponger soigneusement dans du papier absorbant.

Couper la viande en morceaux et les placer dans une cocotte. Saler et ajouter l'ail, le safran, le gingembre et l'huile d'olive. Couvrir avec 2 verres d'eau et cuire à couvert pendant 1 heure 15 minutes à feu modéré.

Peler les tomates et les couper en cubes puis les ajouter dans la cocotte et poursuivre la cuisson pendant 15 minutes environ.

Ajouter le jus de citron, rectifier l'assaisonnement et laisser réduire quelques minutes.

Pendant ce temps, faire frire les rondelles d'aubergine à la poêle dans l'huile de tournesol bouillante.

Dresser la viande dans un plat de service, napper de sauce et disposer les aubergines dessus. Servir bien chaud.

TAJINE DE VEAU AUX CAROTTES

Préparation : 15 min – Cuisson : 2 h 6 pers.

1,500 kg de jarret de veau / 1 cuil. à café de gingembre / Une pincée de safran / 1 oignon émincé / 1 bouquet de persil / 4 cuil. à soupe d'huile d'olive / 2 kg de jeunes carottes / 60 g de beurre / 2 cuil. à soupe d'huile d'arachide / Sel, poivre.

Couper la viande en morceaux. Mélanger le gingembre, le safran et une pincée de poivre puis en enduire la viande. Faire revenir ces morceaux avec un peu d'eau à feu moyen dans une cocotte. Ajouter ensuite l'oignon émincé, le bouquet de persil lié, l'huile d'olive et couvrir avec 2 verres d'eau. Saler. Porter à ébullition puis laisser mijoter, à couvert, à feu moyen pendant 1 heure 30 minutes environ. Remuer de temps en temps et ajouter un peu d'eau si nécessaire en cours de cuisson.

Pendant ce temps, laver les carottes, les gratter puis les couper en bâtonnets. Faire cuire dans de l'eau salée pendant 30 minutes. Bien les égoutter. Faire fondre le beurre et l'huile d'arachide dans une poêle et les y mettre à sauter pendant quelques minutes.

Disposer la viande et les carottes dans un plat de service et arroser de sauce avant de servir.

TAJINE DE VEAU AU CHOU-FLEUR

Préparation : 20 min – Cuisson : 1 h 30 min 4 pers.

1 bouquet de coriandre / 2 oignons / 2 kg de chou-fleur / 1 kg de jarret de veau / 3 cuil. à soupe d'huile d'arachide /1/2 cuil. à café de safran / 1 cuil. à café de paprika / Le jus de 2 citrons / Sel, poivre.

Laver la coriandre et la hacher. Peler et émincer les oignons. Nettoyer le chou-fleur et le séparer en morceaux.

Découper la viande en cubes et la mettre dans une cocotte avec l'huile, le safran, le paprika, la coriandre et les oignons. Saler et poivrer. Couvrir d'eau et porter à ébullition. Laisser cuire à petits frémissements pendant 1 heure.

Retirer la viande et la réserver au chaud dans le tajine slaoui.

Ajouter les bouquets de chou-fleur et le jus de citron dans la cocotte et poursuivre la cuisson pendant 20 minutes.

Mettre le chou avec la viande et laisser réduire la sauce.

Napper la viande de sauce onctueuse et réchauffer quelques minutes avant de servir.

TAJINE DE VEAU AUX COINGS ET AUX GOMBOS

Préparation : 20 min – Cuisson : 2 h 6 pers.

1,500 kg de jarret de veau / 1 kg de coings / 1/2 cuil. à café de gingembre / Deux pincées de safran / 3 cuil. à soupe d'huile / 350 g de gombos / 1 cuil. à soupe de farine / Sel.

Couper la viande en morceaux. Laver les coings et les couper en quartiers.

Placer les morceaux de viande dans une cocotte avec le gingembre, une pincée de safran et l'huile. Saler et couvrir d'eau. Cuire à couvert pendant 1 heure 30 minutes.

Lorsque la viande est cuite, la retirer et la réserver.

Ajouter les coings dans la cocotte toujours sur le feu. Saler et ajouter le reste de safran. Couvrir d'eau et poursuivre la cuisson une quinzaine de minutes.

Dans le même temps, couper les extrémités des gombos puis les cuire dans une casserole d'eau salée.

Lorsque les coings sont cuits, les retirer de la cocotte et ajouter la farine pour lier la sauce. Laisser réduire jusqu'à obtention d'une sauce onctueuse.

Réchauffer la viande à feu doux dans la cocotte avec les coings et les gombos.

Servir bien chaud.

TAJINE DE VEAU AUX FRUITS SECS

Préparation : 1 h – Cuisson : 1 h 50 min   4 à 6 pers.   ✕✕ ○○

1,500 kg de jarret de veau / 4 oignons / 6 cuil. à soupe d'huile / 1/2 cuil. à café de gingembre râpé / 1 cuil. à café de paprika / 2 cuil. à café de cannelle en poudre / Une pincée de safran / 300 g d'abricots secs / 300 g de pruneaux / 300 g de figues sèches / 150 g de raisins blonds / 1 clou de girofle / 1 cuil. à soupe de miel / 250 g d'amandes émondées / Sel, poivre.

Couper la viande en morceaux. Peler les oignons et les couper en fines rondelles.

Faire chauffer 4 cuillerées à soupe d'huile dans une cocotte et y faire revenir les morceaux de viande. Ajouter 1/2 verre d'eau, les oignons, le gingembre, le paprika, 1 cuillerée à café de cannelle et le safran. Saler et poivrer puis couvrir et cuire 10 minutes.

Ajouter 3 verres d'eau et poursuivre la cuisson à couvert pendant 1 heure 30 minutes environ.

Faire chauffer les fruits dans une casserole avec 4 cuillerées à soupe de jus de cuisson de la viande, le reste de la cannelle, 1 clou de girofle et 1 cuillerée à soupe de miel pendant une dizaine de minutes.

Pendant ce temps, faire griller les amandes dans une poêle avec un peu d'huile.

Disposer la viande, les oignons et les fruits dans un tajine et décorer avec les amandes avant de servir.

TAJINE DE VEAU AUX HARICOTS VERTS

Préparation : 10 min – Cuisson : 1 h 25 min   6 pers.   ✕✕ ○○

1,500 kg de jarret de veau / 1 cuil. à café de gingembre / Trois pincées de safran / 3 cuil. à soupe d'huile d'olive / 1 kg de haricots verts / 1/2 citron confit / 10 olives confites / Le jus de 1/2 citron / Sel.

Découper l'épaule en morceaux et les mettre dans une cocotte. Saler et ajouter le gingembre, le safran et l'huile d'olive. Couvrir d'eau et porter à ébullition.

Ajouter les haricots verts et poursuivre la cuisson pendant 1 heure à feu modéré.

Couper l'écorce du citron confit en morceaux.

Lorsque la viande est cuite, ajouter les olives confites, l'écorce du citron confit et le jus de citron. Retirer la viande et les haricots et les disposer dans le tajine.

Couvrir pour maintenir au chaud.

Laisser réduire le bouillon à feu doux jusqu'à obtention d'une sauce onctueuse. Rectifier l'assaisonnement.

Verser cette sauce sur la viande et les haricots verts et servir aussitôt.

TAJINE AUX NAVETS ET AUX POMMES DE TERRE

Préparation : 20 min – Cuisson : 50 min 4 à 6 pers.

1 kg de viande (veau ou agneau) / 2 oignons émincés / 1/2 cuil. à café de poivre noir / Deux pincées de safran / 1 kg de pommes de terre / 500 g de navets / Sel.

Mettre la viande coupée en morceaux dans une cocotte. Ajouter les oignons, le poivre et le safran. Saler et couvrir de 2 verres d'eau. Cuire à couvert pendant une vingtaine de minutes.

Pendant ce temps, éplucher les pommes de terre et les couper en dés. Laver les navets, les brosser puis les couper en rondelles épaisses.

Ajouter ces légumes dans la cocotte et poursuivre la cuisson à couvert pendant 30 minutes.

Rectifier l'assaisonnement et servir aussitôt.

TAJINE DE VEAU AUX PETITS POIS

Préparation : 20 min – Cuisson : 1 h 50 min 6 pers.

1,500 kg de jarret de veau / 4 cuil. à soupe d'huile d'arachide / Deux pincées de safran / 1/2 cuil. à café de gingembre / 1,500 kg de petits pois frais (ou surgelés) écossés / 1 citron confit / 10 olives confites / Sel.

Découper la viande en morceaux et les placer dans une cocotte. Ajouter l'huile, le safran et le gingembre, couvrir de 2 verres d'eau et cuire à couvert pendant 1 heure 30 minutes environ en remuant de temps en temps. Ajouter de l'eau en cours de cuisson si nécessaire.

Lorsque la viande est cuite, la retirer de la cocotte et la réserver au chaud.

Verser les petits pois dans la cocotte encore sur le feu, ajouter 1 verre d'eau et poursuivre la cuisson à couvert pendant 10 à 12 minutes.

Ajouter le citron confit coupé en quartiers et les olives confites en fin de cuisson. Laisser réduire pour obtenir une sauce onctueuse.

Disposer la viande dans un plat avec les petits pois, napper de sauce et décorer avec les olives et les quartiers de citron.

TAJINE AUX POIRES

Préparation : 15 min – Cuisson : 1 h 20 min 4 pers.

1 kg de jarret de veau / 1/2 cuil. à café de gingembre / 4 cuil. à soupe d'huile / 1 kg de poires / Deux pincées de safran / 2 cuil. à soupe de miel / Sel.

Découper la viande en morceaux et les placer dans une cocotte. Ajouter le gingembre et l'huile, saler et couvrir de 2 verres d'eau. Porter à ébullition puis laisser cuire à couvert à feu modéré pendant 1 heure environ.

Remuer de temps en temps pour que la viande n'attache pas et ajouter un peu d'eau en cours de cuisson si nécessaire.

Laver, peler et épépiner les poires puis les couper en quartiers.

Lorsque la viande est cuite, la retirer de la cocotte et la réserver au chaud.

Mettre les poires dans la cocotte, toujours sur le feu, ajouter un peu de sel, le safran et 1 verre d'eau. Poursuivre la cuisson à feu doux pendant 15 minutes.

Lier la sauce avec le miel et laisser réduire quelques minutes pour qu'elle soit bien onctueuse.

Disposer les morceaux de viande et les quartiers de poire dans un plat et napper de sauce miellée.

TAJINE AUX POMMES DE TERRE ET AUX ORANGES

Préparation : 30 min – Cuisson : 1 h 30 min 4 à 6 pers.

1,500 kg de jarret de veau / 4 oranges sanguines / 800 g de pommes de terre / 1 oignon / Deux pincées de safran / 1/2 cuil. à café de gingembre / 4 cuil. à soupe d'huile d'olive / 1 petit bouquet de coriandre hachée / Le jus de 1 citron / Sel, poivre.

Découper la viande en morceaux.

Peler soigneusement les oranges et les couper en quartiers. Éplucher et couper les pommes de terre en rondelles. Peler et émincer finement l'oignon.

Placer les morceaux de viande dans une cocotte, ajouter l'oignon, une pincée de safran, le gingembre et l'huile d'olive. Saler et poivrer, couvrir d'eau et porter à ébullition.

Laisser mijoter 1 heure. Réserver la viande au chaud dans le tajine slaoui.

Ajouter alors les pommes de terre, saupoudrer de safran, saler et poivrer. Ajouter 2 verres d'eau et poursuivre la cuisson à couvert pendant 30 minutes. Ajouter les oranges et la coriandre 15 minutes avant la fin de la cuisson.

Laisser réduire la sauce puis verser le jus de citron et rectifier l'assaisonnement.

Disposer les pommes de terre et les oranges sur la viande, napper de sauce et servir aussitôt.

TAJINE DE VEAU AU POTIRON

Préparation : 15 min – Cuisson : 2 h 30 min 6 pers.

1,500 kg de jarret de veau / Une pincée de safran / 1 bâton de cannelle / 2 oignons émincés / 1 gousse d'ail écrasée / 1/2 cuil. à café de gingembre / 3 cuil. à soupe d'huile d'olive / 2,500 kg de chair de potiron / 4 cuil. à soupe d'huile d'arachide / 2 cuil. à soupe de miel / 1 cuil. à café de cannelle en poudre / Sel, poivre.

Couper la viande en morceaux de 100 g environ, et les mettre dans le tajine. Ajouter le safran, le bâton de cannelle, les oignons émincés, l'ail et le gingembre. Saler et poivrer. Couvrir de 2 verres d'eau et porter à ébullition. Ajouter alors l'huile d'olive et laisser cuire à couvert, à feu moyen, pendant 1 heure 30 minutes environ. Retourner la viande régulièrement et remettre un peu d'eau si nécessaire en cours de cuisson.

Pendant ce temps, laver et éplucher le potiron, puis le découper en morceaux assez fins. Faire blanchir ces morceaux dans de l'eau bouillante salée et les égoutter.

Faire chauffer l'huile d'arachide dans une cocotte puis y mettre le potiron et l'écraser grossièrement avec une spatule. Laisser cuire à feu doux jusqu'à évaporation complète de l'eau. Lorsque le potiron prend la consistance d'une purée, ajouter le miel, saler et poursuivre la cuisson 35 minutes à feu doux.

Incorporer la cannelle en poudre en fin de cuisson.

Servir en nappant la viande avec la purée et la sauce.

TAJINE DE VEAU AUX TOMATES

Préparation : 15 min – Cuisson : 1 h 4 à 6 pers. XX OO

3 oignons / 4 gousses d'ail / 1 kg de viande coupée en morceaux (épaule ou jarret) / Deux pincées de safran / 1/2 cuil. à café de gingembre / 4 cuil. à soupe d'huile d'olive / 2 kg de tomates / 1 cuil. à café de cannelle / 2 cuil. à soupe de sucre en poudre / 1/2 cuil. à café de paprika / 125 g d'amandes mondées / Huile d'arachide / Sel, poivre.

Peler les oignons et les couper en rondelles. Peler et hacher les gousses d'ail.

Disposer la viande, les oignons, l'ail, le safran, le gingembre et l'huile d'olive dans le tajine slaoui. Saler et poivrer. Couvrir d'eau et cuire à couvert pendant 30 minutes.

Pendant ce temps, peler les tomates, les couper en petits cubes et les mettre dans une casserole. Ajouter la cannelle, le sucre en poudre et le paprika. Faire cuire à feu doux pendant une quinzaine de minutes en remuant régulièrement.

Faire griller les amandes dans un peu d'huile puis les égoutter.

Napper la viande de sauce, mettre la purée de tomates autour puis décorer avec les amandes.

Servir bien chaud.

TAJINE DE VEAU AUX TOPINAMBOURS

Préparation : 20 min – Cuisson : 1 h 30 min 4 à 6 pers. XX O

1 kg de jarret de veau / 1 oignon / 1 petit bouquet de persil / Deux pincées de safran / 100 g de beurre / 1,500 kg de topinambours / Le jus de 1 citron / Sel, poivre.

Couper la viande en morceaux et la placer dans le tajine. Peler et émincer finement l'oignon. Laver et hacher le persil.

Ajouter 1/2 cuillerée à café de poivre, le safran, l'oignon et le beurre dans la cocotte, saler et couvrir d'eau. Cuire à couvert en remuant de temps en temps pendant 1 heure environ.

Pendant ce temps, laver les topinambours, les éplucher et les couper en petits cubes.

Lorsque la viande est cuite, la retirer et la réserver.

Mettre les topinambours dans la cocotte toujours sur le feu, saler et ajouter le persil. Remettre 1 verre d'eau et cuire à couvert pendant 20 minutes.

Ajouter alors le jus de citron, remettre la viande et faire réduire la sauce quelques minutes. Servir aussitôt.

TAJINE DE BOULETTES AUX PETITS POIS

Préparation : 30 min – Cuisson : 40 min 4 à 6 pers.

Boulettes de viande hachée : *1 petit oignon / 4 brins de coriandre / 300 g de viande d'agneau hachée / 1 cuil. à soupe d'huile d'olive / 1 cuil. à café de cumin / Sel, poivre.*
1 oignon / 2 gousses d'ail / 2 tomates / Huile d'olive / 1 cuil. à café de paprika / 1/2 cuil. à café de poivre moulu / Une pincée de cumin / 1/2 cuil. à café de cannelle / Une pincée de safran / 250 g de petits pois écossés / 4 œufs / Sel.

Pour les boulettes : hacher finement l'oignon. Effeuiller les brins de coriandre et ciseler les feuilles. Malaxer le tout avec la viande hachée, l'huile, un peu de sel et de poivre et le cumin. Avec les mains humides, former des boulettes de la taille d'un petit abricot. Couvrir et réserver au frais.

Hacher finement l'oignon et l'ail. Peler les tomates, les épépiner et les couper en dés.

Faire chauffer un peu d'huile d'olive dans une poêle. Y saisir les boulettes pendant 2 minutes en remuant.

Mettre les boulettes saisies dans le tajine, ajouter ensuite les oignons, l'ail, les tomates, le sel et les épices. Laisser mijoter 5 minutes à feu modéré.

Ajouter les petits pois et 10 cl d'eau, couvrir et laisser mijoter 15 minutes.

Battre les œufs dans un bol et les faire glisser sur les légumes. Couvrir et laisser cuire à feu doux 3 à 5 minutes de plus, jusqu'à ce que les œufs soient cuits.

Saupoudrer avec un peu de paprika et de cumin avant de servir.

TANJIA

Préparation : 30 min – Cuisson : 4 h 6 pers.

1,500 kg d'agneau / 150 g de beurre / Deux pincées de safran / 1 cuil. à café de cumin / 1 cuil. à café de Ras el Hanout / 10 gousses d'ail écrasées / 2 citrons confits / 2 cuil. à soupe d'huile d'olive / Sel, poivre.

Couper la viande en morceaux.

Faire chauffer le beurre dans une cocotte (qui doit pouvoir aller au four) et y faire revenir la viande et les épices. Saler et poivrer. Ajouter ensuite l'ail, les citrons confits coupés en quartiers et l'huile d'olive.

Verser 2 verres d'eau. Couvrir et cuire au four à 150 °C (th. 5) pendant 4 heures.

Ce plat est une spécialité de Marrakech à base de viande et d'épices.

Traditionnellement, il était préparé dans une sorte de pot appelé « tanjia » – qui lui a donné son nom – et cuit dans les braises du four public du quartier pendant plusieurs heures.

TAJINE D'AGNEAU AUX ABRICOTS SECS

Préparation : 15 min – Cuisson : 1 h 45 min 4 pers.

1 kg d'épaule d'agneau désossée / 2 oignons / 1 cuil. à café de gingembre en poudre / 1/2 cuil. à café de poivre / 1/2 cuil. à café de cannelle en poudre / Une pincée de safran / 50 g de beurre / 1 bouquet de coriandre / 300 g d'abricots secs / Sel.

Découper la viande en morceaux et les mettre dans une cocotte.

Peler et râper 1 oignon et l'ajouter dans la cocotte avec les épices, le beurre, une bonne pincée de sel et la moitié de la coriandre liée en bouquet. Arroser de 2 verres d'eau, porter à ébullition, puis baisser le feu et laisser cuire à petits frémissements pendant 1 heure.

Émincer finement l'oignon restant. Équeuter le reste de la coriandre et hacher les feuilles. Ajouter ces ingrédients dans la cocotte au bout de 1 heure de cuisson, et poursuivre la cuisson 30 minutes.

Ajouter les abricots, laisser cuire encore une quinzaine de minutes, jusqu'à ce qu'ils soient bien tendres.

Rectifier l'assaisonnement si nécessaire et servir aussitôt.

Certains abricots secs ont besoin d'être réhydratés ; si cela est nécessaire, les faire tremper dans de l'eau chaude pendant 1 heure puis les égoutter soigneusement.

TAJINE D'AGNEAU AUX FONDS D'ARTICHAUT ET AUX PETITS POIS

Préparation : 20 min – Cuisson : 1 h 40 min 6 pers.

1,500 kg d'agneau (épaule ou collier) / 1/2 cuil. à café de gingembre / Deux pincées de safran / 1 gousse d'ail écrasée / 3 cuil. à soupe d'huile d'olive / 1 kg de petits pois / 12 fonds d'artichaut cuits / 10 olives confites / 1 citron confit / Sel.

Couper la viande en morceaux et les mettre dans une cocotte.

Ajouter le gingembre, le safran, l'ail et l'huile, couvrir d'eau et cuire à couvert pendant 1 heure 30 minutes.

Lorsque la viande est cuite, la retirer et la réserver.

Ajouter alors les petits pois et poursuivre la cuisson 10 minutes à feu doux. Ajouter les fonds d'artichaut puis la viande, les olives et le citron confit coupé en quartiers.

Laisser réduire la sauce à feu vif jusqu'à ce qu'elle soit bien onctueuse.

Servir aussitôt.

Pour gagner du temps, vous pouvez utiliser des fonds d'artichaut surgelés.

TAJINE AUX AUBERGINES

Préparation : 15 min – Cuisson : 1 h 4 pers. XX OO

1 kg de viande (gigot d'agneau ou jarret de veau) / Une pincée de safran / 1 cuil. à café de gingembre / 2 gousses d'ail écrasées / 5 cuil. à soupe d'huile d'olive / 1,500 kg d'aubergines / 1 petit bouquet de persil et de coriandre hachés / Le jus de 1 citron / Sel, poivre.

Couper la viande en morceaux et les mettre dans une cocotte.

Ajouter le safran, le gingembre et l'ail, saler et poivrer. Verser 1 verre d'eau, porter à ébullition puis ajouter 3 cuillerées à soupe d'huile d'olive et laisser cuire à couvert, à feu modéré, pendant 1 heure.

Pendant ce temps, laver les aubergines et les couper en rondelles. Les saupoudrer de sel.

Faire chauffer le reste d'huile dans une poêle et y faire revenir les rondelles d'aubergine. Les égoutter sur du papier absorbant puis les remettre dans la poêle avec le persil et la coriandre hachés, saler et poivrer puis les réduire en purée avec une spatule en bois. Verser la moitié du jus de citron en fin de cuisson.

Ajouter le reste de jus de citron dans la cocotte et laisser la sauce réduire.

Dresser la viande et la purée d'aubergines dans un plat de service.

Servir bien chaud.

TAJINE D'AGNEAU AU CITRON

Préparation : 10 min – Cuisson : 1 h 45 min 6 pers. XX OO

1 kg d'épaule d'agneau / 1 bouquet de coriandre / 1/2 cuil. à café de cumin en poudre / Deux pincées de safran / Le jus de 3 citrons / 1 kg d'oignons / Huile d'olive / Sel, poivre.

Découper la viande en morceaux et la mettre dans le tajine.

Ajouter le bouquet de coriandre, le cumin, le safran et le jus de 1 citron, saler et poivrer.

Couvrir avec 2 grands verres d'eau, porter à ébullition et laisser cuire 1 heure à petits frémissements.

Peler et émincer finement les oignons.

Les faire revenir dans une casserole avec un peu d'huile d'olive en remuant régulièrement. Saler et poivrer. Retirer du feu lorsque les oignons sont réduits en purée.

À la fin de la cuisson, ajouter cette purée dans le tajine et arroser du reste de jus de citron. Laisser mijoter 15 minutes supplémentaires, à couvert.

Servir aussitôt.

TAJINE AUX COINGS ET AU MIEL

Préparation : 10 min – Cuisson : 1 h 25 min 4 pers.

2 oignons / 750 g de coings / 1 kg d'épaule d'agneau / 1/2 cuil. à café de poivre / 1 bâton de cannelle / Deux pincées de safran / 125 g de beurre / 1 cuil. à café de cannelle / 2 cuil. à café de sucre en poudre / 4 cuil. à soupe de miel / Sel.

Peler et râper les oignons.

Laver les coings, les couper en quartiers et les épépiner. Réserver.

Découper la viande en gros dés et la mettre dans une marmite. Ajouter le poivre, le bâton de cannelle, le safran, le beurre et les oignons râpés. Saler.

Couvrir d'eau, porter à ébullition et laisser mijoter 45 minutes à petits frémissements. Ajouter la cannelle et le sucre en poudre et poursuivre la cuisson pendant 15 minutes.

Retirer les morceaux de viande et les réserver au chaud.

Ajouter les coings et le miel dans la marmite, et laisser cuire 25 minutes à feu doux.

Disposer la viande et les coings dans le tajine et arroser de sauce au miel.

Servir bien chaud.

TAJINE D'AGNEAU AUX COURGETTES

Préparation : 30 min – Cuisson : 1 h 30 min 4 pers.

1 kg d'épaule d'agneau / 1 kg de courgettes / 3 oignons / 2 tomates / 2 gousses d'ail / 1 bouquet de persil / Le jus de 1 citron / 1 cuil. à café de Ras el Hanout / 2 cuil. à soupe d'huile d'olive / Sel, poivre.

Découper la viande en morceaux. Couper les courgettes en rondelles épaisses. Peler et couper les oignons en rondelles. Peler, épépiner et couper les tomates en dés. Peler les gousses d'ail et les écraser. Hacher le persil.

Mélanger le persil, l'ail, le jus de citron, les tomates, le Ras el Hanout et l'huile dans une cocotte. Ajouter la viande, les oignons et les courgettes, saler, poivrer et verser 1 verre d'eau. Mélanger, couvrir et cuire à feu doux pendant 1 heure 30 minutes. Ajouter un peu d'eau en cours de cuisson si nécessaire.

Servir bien chaud.

TAJINE D'AGNEAU AUX DATTES

Préparation : 15 min – Cuisson : 1 h 20 min 4 à 6 pers.

1 kg d'épaule d'agneau / 1 oignon / 125 g de beurre / Une pincée de safran / 1 cuil. à café de cannelle / 2 cuil. à soupe de miel / 500 g de dattes fraîches / 100 g d'amandes émondées / Huile / Sel, poivre.

Couper la viande en morceaux. Peler l'oignon et le râper.

Faire chauffer le beurre dans une cocotte et y mettre la viande, le safran et l'oignon râpé. Saler, poivrer et couvrir d'eau.

Laisser cuire à feu modéré pendant 1 heure en remuant de temps en temps. Ajouter alors la cannelle et le miel. Mélanger pour que la viande s'imprègne de la sauce et laisser réduire une dizaine de minutes.

Retirer la viande et la réserver au chaud.

Ajouter les dattes dans la cocotte toujours sur le feu, verser un peu d'eau si nécessaire, et poursuivre la cuisson 10 minutes.

Pendant ce temps, faire frire les amandes à la poêle dans un peu d'huile.

Disposer la viande et les dattes sur un plat de service, napper de sauce miellée, saupoudrer d'amandes et servir aussitôt.

TAJINE D'AGNEAU AUX FÈVES

Préparation : 15 min – Cuisson : 1 h 50 min 6 pers.

1,500 kg d'agneau (épaule ou collier) / 1/2 cuil. à café de gingembre / 4 cuil. à soupe d'huile / Deux pincées de safran / 1 gousse d'ail écrasée / 2 kg de fèves / Le jus de 1 citron pressé / 10 olives confites / 1 citron confit / Sel, poivre.

Couper la viande en morceaux et les placer dans une cocotte. Ajouter le gingembre, l'huile, le safran et l'ail. Couvrir d'eau et cuire à couvert pendant 1 heure 30 minutes.

Lorsque la viande est cuite, la retirer et la réserver.

Verser les fèves dans la cocotte toujours sur le feu, couvrir d'eau et poursuivre la cuisson 15 minutes. Ajouter alors le jus de citron, les olives et l'écorce du citron confit.

Laisser réduire la sauce jusqu'à ce qu'elle devienne onctueuse et remettre la viande dans la cocotte.

Servir bien chaud.

TAJINE AUX GOMBOS

Préparation : 15 min – Cuisson : 1 h 30 min 4 pers. XX OO

2 oignons / 1 bouquet de coriandre / 3 tomates / 1 kg de gombos / 3 cuil. à soupe d'huile d'olive / 1 kg de gigot d'agneau / Une pincée de safran / 1/2 cuil. à café de piment doux / Sel.

Peler et couper les oignons en rondelles. Hacher la coriandre. Peler les tomates, les épépiner et les couper en dés. Laver et équeuter les gombos.

Mettre l'huile dans une cocotte avec la coriandre, les tomates et les gombos. Saler, ajouter la viande, le safran, le piment doux et les oignons et arroser de 2 verres d'eau.

Faire cuire à couvert, à feu doux, pendant 1 heure environ. Ajouter alors les gombos, un peu d'eau si nécessaire et poursuivre la cuisson 30 minutes.

Servir bien chaud.

TAJINE D'AGNEAU AUX HARICOTS VERTS ET AUX TOMATES

Préparation : 10 min – Cuisson : 1 h 25 min 4 pers. XX OO

1 kg de viande d'agneau / 3 gousses d'ail / 500 g de tomates / 4 cuil. à soupe d'huile d'olive / 1/2 cuil. à café de gingembre / Une pincée de safran / 1 cuil. à café de paprika / 500 g de haricots verts / Le jus de 1 citron / Sel, poivre.

Couper la viande en morceaux. Peler et écraser les gousses d'ail. Peler les tomates, les épépiner et les couper en cubes.

Faire chauffer l'huile dans une cocotte et y mettre la viande, les tomates coupées, le safran, le gingembre, l'ail, le safran et le paprika. Saler et poivrer. Remuer avec une cuillère en bois pour réduire les tomates en purée.

Cuire 5 à 8 minutes avant d'ajouter les haricots verts. Puis laisser cuire à couvert pendant 1 heure 15 minutes environ. Ajouter le jus de citron en fin de cuisson.

Faire réduire la sauce puis retirer du feu.

Servir bien chaud.

LES VIANDES

TAJINE D'AGNEAU AU LAIT

Préparation : 10 min – Cuisson : 2 h 4 pers. XX OO

1 kg de gigot d'agneau / 2 oignons / 200 g d'amandes mondées / Huile d'arachide / 2 cuil. à soupe de miel / 1/2 l de lait / Sel, poivre.

Découper la viande en morceaux. Peler et hacher les oignons.

Mettre la viande dans un plat à tajine, saler et poivrer. Couvrir de 2 grands verres d'eau et cuire à feu doux pendant 1 heure 30 minutes environ.

Faire dorer les amandes dans un peu d'huile.

Mettre les oignons, le miel et le lait dans une casserole et porter à ébullition.

Verser ce lait sur la viande et poursuivre la cuisson à feu vif 5 minutes.

Décorer avec les amandes avant de servir.

TAJINE AUX MARRONS

Préparation : 15 min – Cuisson : 1 h 50 min à 2 h 4 pers. XXX OOO
Repos : 1 nuit

150 g de pois chiches / 1 gigot d'agneau de 500 g / 1 oignon / 2 gousses d'ail / 3 cuil. à soupe d'huile d'olive / 1 cuil. à café de cannelle / 450 g de châtaignes / 15 raisins de Corinthe / Sel, poivre.

Faire tremper les pois chiches pendant une nuit dans l'eau froide.

Découper la viande en cubes.

Peler et émincer l'oignon et l'ail.

Faire chauffer l'huile dans une cocotte et y faire revenir l'oignon et l'ail. Ajouter l'agneau et le faire dorer quelques minutes en remuant. Ajouter les pois chiches et couvrir d'eau.

Porter à ébullition, ajouter la cannelle et 1/2 cuillerée à café de poivre et couvrir. Laisser cuire à feu modéré pendant 1 heure 30 minutes.

Pendant ce temps, fendre l'écorce des châtaignes et les plonger dans de l'eau bouillante une dizaine de minutes puis les éplucher.

Lorsque la viande est cuite, ajouter les châtaignes et les raisins, saler et poursuivre la cuisson 20 minutes.

Vous pouvez bien sûr vous servir de marrons au naturel en bocaux ou encore cuits sous vide.

TAJINE D'AGNEAU AUX NAVETS

Préparation : 20 min – Cuisson : 1 h 40 min 4 pers.

1 kg de navets nouveaux / 1 oignon / 1 petit bouquet de coriandre / 1 kg d'agneau / 100 g de beurre / Deux pincées de safran / Sel, poivre.

Laver les navets, les brosser puis les couper en rondelles épaisses. Peler et râper l'oignon. Laver et hacher la coriandre.

Couper la viande en morceaux et les mettre dans une cocotte avec le beurre, une pincée de safran et l'oignon. Saler, poivrer et couvrir d'eau. Cuire à couvert, à feu modéré, pendant 1 heure 15 minutes environ.

Retirer la viande de la cocotte et la réserver au chaud. Ajouter alors les rondelles de navet, la coriandre hachée, le reste de safran et bien mélanger. Laisser cuire 20 minutes à couvert à feu modéré.

Laisser réduire pour obtenir une sauce onctueuse. Disposer la viande et les navets dans un plat de service et napper de sauce avant de servir.

Servir bien chaud.

TAJINE D'AGNEAU À LA MENTHE

Préparation : 10 min – Cuisson : 1 h 30 min 4 pers.

1 kg d'agneau / 1/2 cuil. à café de Ras el Hanout / 2 oignons / 250 g de haricots noirs / 4 cuil. à soupe d'huile d'olive / 250 g de tomates / 100 g de gruyère / 300 g de mie de pain rassis / 1 bouquet de menthe séchée / 6 œufs / Sel.

Couper la viande en petits morceaux, l'assaisonner avec le Ras el Hanout, ajouter les oignons coupés en tranches et les haricots.

Faire chauffer l'huile dans une cocotte et y faire revenir la viande, les oignons et les haricots.

Peler et écraser les tomates.

Lorsque la viande est bien dorée, ajouter les tomates écrasées avec 1 verre d'eau.

Laisser cuire à feu modéré pendant 1 heure.

Mélanger dans une terrine le gruyère râpé, le pain écrasé en chapelure, la menthe en poudre, y incorporer les œufs battus.

Saler et ajouter cette préparation à la viande. Couvrir et cuire au four à 200 °C (th. 6-7) avec de l'eau sur le couvercle pendant 30 minutes environ.

Le tajine doit être pris comme une sorte de terrine.

TAJINE D'AGNEAU AUX OIGNONS

Préparation : 10 min – Cuisson : 1 h 10 min 6 pers. XX ꝏ

1 kg d'oignons / 500 g de tomates / 1 kg d'épaule d'agneau / Trois pincées de safran / 1/2 cuil. à café de poivre / 200 g de beurre / 1 bâton de cannelle / 4 cuil. à soupe de sucre en poudre / 1 cuil. à café de cannelle / Sel.

Peler et couper les oignons en rondelles. Laver les tomates, les épépiner et les couper en quartiers.

Découper la viande en morceaux et la mettre dans une marmite. Saler et ajouter le safran, le poivre, le beurre et le bâton de cannelle. Couvrir avec 3 verres d'eau et porter à ébullition.

Ajouter les tomates, bien mélanger et laisser cuire 1 heure à feu moyen. Ajouter les oignons à mi-cuisson.

Lorsque la viande est cuite, la retirer et la disposer dans un plat allant au four.

Ajouter alors dans la marmite toujours sur le feu le sucre en poudre et la cannelle. Mélanger avec une cuillère en bois.

Lorsque la sauce est bien onctueuse, en napper la viande et ajouter les oignons.

Mettre le plat sous le gril du four et laisser dorer les oignons quelques minutes avant de servir.

TAJINE D'AGNEAU AUX OLIVES

Préparation : 30 min – Cuisson : 2 h 6 pers. XX ꝏ

1,500 kg de gigot d'agneau / 4 cuil. à soupe d'huile d'olive / 1 cuil à café de gingembre / 1 gousse d'ail écrasée / Deux pincées de safran / 1 cuil. à café de cumin / 1 cuil. à café rase de piment doux / Le jus de 1 citron / 2 kg d'olives vertes dénoyautées / Sel.

Découper le gigot en morceaux.

Faire chauffer l'huile dans une cocotte avec le gingembre, l'ail et le safran. Ajouter les morceaux de viande, verser 2 verres d'eau et cuire à couvert, à feu modéré, pendant 1 heure 30 minutes environ.

Lorsque la viande est cuite, la retirer et la réserver au chaud.

Laisser réduire la sauce à feu doux puis ajouter le cumin, le piment doux, le jus de citron et les olives. Mélanger et porter à ébullition.

Lorsque la sauce est bien onctueuse, rectifier l'assaisonnement et retirer du feu.

Disposer la viande dans un plat de service, napper de sauce et servir aussitôt.

TAJINE D'AGNEAU AUX POIS CHICHES

Préparation : 30 min – Cuisson : 2 h – Repos : 1 nuit 4 pers.

1 verre de pois chiches / 1 kg d'épaule d'agneau / 1 kg d'oignons / 1 petit bouquet de persil plat / 150 g de beurre / Deux pincées de safran / 1/2 cuil. à café de poivre / Sel.

La veille, mettre les pois chiches à tremper dans de l'eau.

Le jour même, couper la viande en morceaux. Peler et couper 2 oignons en rondelles, émincer les autres. Laver et hacher le persil. Égoutter et peler les pois chiches.

Faire chauffer le beurre dans une cocotte et y faire revenir les oignons coupés en rondelles. Ajouter le safran et le poivre. Ajouter la viande et les pois chiches, saler et couvrir d'eau. Cuire à couvert pendant 1 heure 30 minutes.

Lorsque la viande est cuite, la retirer et la réserver au chaud.

Ajouter le reste d'oignons dans la cocotte avec le persil et poursuivre la cuisson sans couvrir.

TAJINE D'AGNEAU AUX POMMES

Préparation : 20 min – Cuisson : 1 h 50 min 6 pers.

1,500 kg de gigot d'agneau / 1/2 cuil. à café de gingembre râpé / Une pincée de safran / 2 oignons émincés / 1 bouquet de coriandre / 1 bâton de cannelle / 4 cuil. à soupe d'huile d'arachide / 2 kg de pommes (reinettes du Canada ou cox orange) / 3 cuil. à soupe de miel / Sel, poivre.

Découper la viande en morceaux puis les faire revenir à feu modéré dans une cocotte, avec le gingembre, le safran et les oignons émincés. Saler et poivrer.

Ajouter la coriandre et la cannelle, couvrir avec 2 verres d'eau et porter à ébullition. Ajouter l'huile et poursuivre la cuisson à feu moyen pendant 1 heure 30 minutes environ.

Pendant ce temps, laver les pommes, les éplucher et les couper en quartiers en retirant le cœur.

Lorsque la viande est cuite, la retirer de la cocotte ainsi que le bouquet de coriandre et le bâton de cannelle, avant d'ajouter les pommes. Laisser cuire à feu doux une dizaine de minutes puis ajouter le miel. Poursuivre la cuisson en ajoutant un peu d'eau si nécessaire et en retournant les pommes pour qu'elles s'imprègnent bien de sauce.

Disposer la viande et les pommes dans un plat de service et arroser de sauce bien onctueuse.

TAJINE D'AGNEAU AUX POMMES DE TERRE ET AUX OLIVES

Préparation : 30 min – Cuisson : 1 h 40 min 4 pers.

1 kg d'agneau / 3 cuil. à soupe d'huile d'olive / 1 cuil. à café d'épices à tajine / 2 tomates / 2 gousses d'ail / 1 bouquet de coriandre / 2 oignons / 1 kg de pommes de terre / 250 g d'olives (rouges ou vertes) / 1 citron confit / Sel, poivre.

Découper la viande en cubes puis la mettre dans le tajine avec l'huile d'olive et les épices. Saler et faire revenir à feu doux.

Pendant ce temps, peler les tomates et les couper en dés. Écraser l'ail et hacher la coriandre.

Ajouter ces ingrédients dans le tajine et cuire 10 minutes.

Peler les oignons et les couper en fines rondelles.

Verser 1 verre d'eau, porter à ébullition et ajouter les oignons. Cuire à couvert pendant 20 minutes.

Laver les pommes de terre, les peler et les couper en cubes. Les ajouter dans le tajine ainsi que 1 verre d'eau, saler et poivrer. Couvrir et laisser cuire à feu moyen pendant 45 minutes.

Dans le même temps, blanchir les olives dans de l'eau bouillante puis les égoutter.

Les ajouter dans le tajine avec le citron coupé en quartiers et poursuivre la cuisson à couvert 15 minutes.

TAJINE AUX POMMES DE TERRE ET AUX HARICOTS VERTS

Préparation : 15 min – Cuisson : 1 h 30 min 4 pers.

1 kg de viande d'agneau / 3 cuil. à soupe d'huile d'olive / 500 g de pommes de terre / 3 oignons / 2 tomates / 2 gousses d'ail / 1 bouquet de persil / 1 cuil. à café de Ras el Hanout / Le jus de 1 citron / 600 g de haricots verts / Sel, poivre.

Couper la viande en morceaux. Faire chauffer l'huile d'olive dans le tajine puis y faire dorer la viande.

Éplucher et laver les pommes de terre coupées en quatre. Peler les oignons et les couper en fines lamelles. Peler les tomates, les couper en petits morceaux. Peler et écraser les gousses d'ail. Hacher grossièrement le persil.

Ajouter dans le tajine le Ras el Hanout, l'ail et les tomates. Cuire une dizaine de minutes puis ajouter le jus de citron et un peu d'eau.

Porter à ébullition avant d'ajouter les pommes de terre et les oignons. Cuire à couvert pendant 50 minutes. Ajouter de l'eau si nécessaire en cours de cuisson.

Ajouter les haricots verts et le reste de persil haché, saler et poivrer. Poursuivre la cuisson à couvert 20 minutes.

Disposer la viande et les oignons dans un plat, napper de sauce et servir aussitôt.

TAJINE D'AGNEAU AUX PRUNEAUX

Préparation : 30 min – Cuisson : 2 h 6 pers.

1,500 kg d'agneau (épaule ou souris) / Deux pincées de safran / 1 bâton de cannelle / 2 oignons émincés / 150 g de beurre / 400 g de pruneaux / 3 cuil. à soupe de miel / 1 cuil. à café de cannelle / 200 g d'amandes émondées / Huile d'arachide / Sel, poivre.

Découper la viande en morceaux et les mettre dans une cocotte avec 1/2 cuillerée à café de poivre, le safran, le bâton de cannelle, les oignons émincés et le beurre.

Saler et ajouter 2 verres d'eau. Cuire à couvert sur feu modéré, en remuant de temps en temps, pendant 1 heure 30 minutes.

Lorsque la viande est cuite, la retirer de la cocotte et la réserver.

Ajouter alors les pruneaux et laisser cuire à feu doux 15 minutes avant de verser le miel et la cannelle. Laisser réduire la sauce pour obtenir une sauce onctueuse.

Dans le même temps, faire frire les amandes à la poêle dans un peu d'huile.

Rectifier l'assaisonnement puis remettre la viande dans la cocotte.

Servir dans le tajine, nappé de sauce miellée et décoré avec les amandes dorées.

TAJINE D'AGNEAU AU RIZ

Préparation : 30 min – Cuisson : 1 h 30 min 4 pers.

1 kg d'épaule d'agneau / 1 oignon / 1 petit bouquet de persil / 4 cuil. à soupe d'huile / Deux pincées de safran / 100 g d'amandes émondées / 250 g de riz / Le jus de 1 citron / Sel, poivre.

Couper la viande en morceaux. Peler l'oignon et le râper. Laver et hacher le persil.

Faire chauffer l'huile dans une cocotte et y mettre la viande, le safran, l'oignon râpé et les amandes. Saler, poivrer et couvrir d'eau.

Cuire à couvert pendant 1 heure 15 minutes environ.

Pendant ce temps, cuire le riz dans de l'eau bouillante salée.

Ajouter le persil et le jus de citron puis laisser réduire pour obtenir une sauce onctueuse.

Disposer la viande dans un plat de service et verser le riz dans la sauce pour qu'il s'en imprègne.

Verser le riz et la sauce sur la viande et servir aussitôt.

TAJINE AUX TOMATES

Préparation : 20 min – Cuisson : 2 h – Repos : 2 h 4 pers.

2 gousses d'ail / 2 oignons / 6 cuil. à soupe d'huile d'olive / 1 petit bouquet de persil et de coriandre hachés / 1 cuil. à café de Ras el Hanout / Le jus de 1 citron / 1 kg d'agneau / 4 tomates / 3 cuil. à soupe de sucre en poudre / 1/2 cuil. à café de cannelle / Sel, poivre.

Peler et hacher l'ail et les oignons.

Mélanger 3 cuillerées à soupe d'huile avec le persil, la coriandre, l'ail, les oignons, les épices et le jus de citron.

Découper la viande en morceaux puis l'enduire avec la marinade. Laisser reposer au moins 2 heures.

Faire chauffer le reste d'huile dans une cocotte et y placer la viande et sa marinade.

Ajouter 2 verres d'eau, couvrir et cuire à feu doux pendant 1 heure 30 minutes. Ajouter un peu d'eau en cours de cuisson si nécessaire.

Laver les tomates et les couper en quartiers.

Lorsque la viande est cuite, la retirer et la réserver au chaud.

Ajouter les tomates, le sucre et la cannelle dans la cocotte et remuer avec une cuillère en bois. Laisser réduire pour obtenir une sauce onctueuse. Remettre la viande quelques minutes.

Servir aussitôt.

TAJINE D'AGNEAU TUNISIEN

Préparation : 15 min – Cuisson : 1 h 15 min   4 pers.

350 g de viande d'agneau / 1/2 cuil. à café de Ras el Hanout / 1 oignon / 4 cuil. à soupe d'huile d'olive / 400 g de pommes de terre / Huile d'arachide / 150 g de petits pois / 3 gousses d'ail / 1/2 cuil. à café de curcuma / 1 bouquet de persil / 25 g de beurre / 300 g de fromage râpé / 8 œufs / 2 œufs durs / Sel, poivre.

Couper la viande en petits morceaux, saler et poivrer et saupoudrer de Ras el Hanout.

Hacher finement l'oignon et le mettre dans la cocotte, ajouter l'huile d'olive et laisser revenir à feu moyen pendant une dizaine de minutes. Ajouter la viande, mélanger et poursuivre la cuisson 10 minutes.

Verser ensuite 2 verres d'eau, couvrir et laisser cuire pendant 30 minutes.

Pendant ce temps, éplucher, laver et couper les pommes de terre en dés.

Faire chauffer l'huile d'arachide et y faire cuire les pommes de terre. L'huile doit être bien chaude pour que les pommes de terre ne collent pas entre elles.

Ajouter les petits pois, l'ail et le curcuma dans la cocotte et poursuivre la cuisson 5 minutes. Ajouter le persil finement haché.

Arrêter la cuisson. Laisser refroidir à découvert pendant 15 minutes.

Beurrer un plat allant au four.

Dans un saladier, verser le contenu de la cocotte, ajouter le fromage et les pommes de terre, mélanger. Ajouter les œufs un à un en remuant doucement et toujours dans le même sens.

Verser le tout dans le plat. Laisser cuire au four pendant 20 minutes à 200 °C (th. 6-7).

Procéder au démoulage et décorer avec les œufs durs coupés en rondelles avant de servir.

Le tajine tunisien est très différent du tajine marocain ; il est composé d'œufs et de viande hachée et préparé comme un gâteau. Cuit au four, il peut être garni de persil, de fromage ou de piments grillés. De plus, il est fréquent qu'on y ajoute de la harissa, une sauce faite de piments broyés et d'huile d'olive.

TAJINE DE MOUTON AUX ŒUFS

Préparation : 10 min – Cuisson : 1 h 4 pers. XX O

1 kg d'épaule de mouton / 1 gousse d'ail / 2 oignons / Une pincée de safran / 1/2 cuil. à café de gingembre râpé / 1/2 cuil. à café de cumin / 1 bouquet de coriandre / 3 cuil. à soupe d'huile d'arachide / 200 g d'amandes / 4 œufs durs / Sel, poivre.

Découper le mouton en morceaux et les placer dans une cocotte. Peler et écraser l'ail. Peler et émincer les oignons.

Ajouter le safran, le gingembre, le cumin, la coriandre et l'ail dans la cocotte et couvrir de 3 verres d'eau. Porter à ébullition et faire cuire à petits frémissements pendant 1 heure.

Dans le même temps, faire chauffer l'huile dans une poêle et y faire revenir les amandes et les oignons émincés.

Écaler les œufs puis les couper en deux dans le sens de la longueur.

Disposer la viande dans un plat de service, ajouter les oignons et les amandes dorées avec leur huile de cuisson chaude et décorer avec les œufs.

Servir bien chaud.

TAJINE DE MOUTON AUX POMMES DE TERRE

Préparation : 10 min – Cuisson : 1 h 30 min 4 à 6 pers. XX O

1 kg de pommes de terre / 1 kg d'épaule de mouton / 1 cuil. à café de gingembre / Deux pincées de safran / 1 gousse d'ail écrasée / 4 cuil. à soupe d'huile d'olive / 1 citron confit / 10 olives confites / Sel.

Éplucher les pommes de terre et les couper en cubes.

Découper le mouton en morceaux et les mettre dans le tajine (ou dans une cocotte). Saler et ajouter le gingembre, le safran, l'ail écrasé et l'huile d'olive. Couvrir d'eau et porter à ébullition.

Cuire à couvert à feu moyen pendant 1 heure en remuant de temps en temps.

Retirer la viande et la réserver.

Faire cuire les pommes de terre dans le bouillon de viande pendant 15 minutes. En fin de cuisson, ajouter les morceaux d'écorce de citron confit et les olives. Faire réduire jusqu'à obtention d'une sauce onctueuse.

Rectifier l'assaisonnement puis remettre les morceaux de viande dans le tajine et laisser mijoter quelques minutes à feu doux.

Servir très chaud.

TAJINE D'ARTICHAUTS ET DE POMMES DE TERRE

Préparation : 20 min – Cuisson : 45 min 4 pers. ✗✗ ○○

10 petits artichauts violets / 2 gousses d'ail / 1 bouquet de coriandre / 500 g de pommes de terre à chair ferme / 2 cuil. à soupe d'huile d'olive / Le jus de 1 citron / 1 cuil. à café de curcuma / Sel, poivre.

Couper, aux ciseaux, le bout des feuilles de chaque artichaut, les couper en quatre et en extraire le foin. Peler les gousses d'ail et les écraser. Laver la coriandre et la hacher. Peler les pommes de terre et les couper en cubes.

Mettre l'huile, le jus de citron, l'ail et le curcuma dans une cocotte, saler et ajouter 1 l d'eau. Porter à ébullition puis ajouter les pommes de terre. Cuire 15 minutes à couvert à feu modéré puis ajouter les artichauts et poursuivre la cuisson 25 minutes.

Ajouter la coriandre 5 minutes avant la fin de la cuisson.

TAJINE DE RIZ AUX BLETTES

Préparation : 20 min – Cuisson : 45 min 4 pers. ✗✗ ○

800 g de blettes / 2 gousses d'ail / 3 cuil. à soupe d'huile / 1 cuil. à café de paprika / 1 verre de riz / 1 oignon / 1 petit bouquet de persil plat haché / Sel, poivre.

Préparer les blettes en séparant les feuilles des côtes. Couper les côtes en petits tronçons.

Peler et hacher finement l'ail.

Faire chauffer l'huile dans une cocotte puis y mettre les côtes et l'ail et cuire à feu doux pendant 15 minutes. Ajouter ensuite le paprika, remuer et ajouter le riz, les feuilles de blette, l'oignon et le persil. Verser 1 petit verre d'eau, saler et poivrer. Couvrir de façon que la vapeur ne s'échappe pas et poursuivre la cuisson 30 minutes.

TAJINE TUNISIEN AUX AUBERGINES

Préparation : 15 min – Cuisson : 30 min – Repos : 30 min   4 pers.

450 g d'aubergines / 1 oignon / 2 gousses d'ail / 3 cuil. à soupe d'huile d'olive / 3 œufs / 1 œuf dur / 1 bouquet de coriandre hachée / 50 g de gruyère râpé / Sel, poivre.

Couper les aubergines en dés, les saler puis les laisser dégorger 30 minutes. Bien les rincer et les égoutter sur du papier absorbant. Peler et hacher finement l'oignon et l'ail.

Faire chauffer 1 cuillerée à soupe d'huile dans le tajine slaoui et y faire revenir l'oignon. Ajouter le reste d'huile et les aubergines. Faire dorer puis ajouter l'ail.

Pendant ce temps, mélanger les œufs, l'œuf dur haché, la coriandre et le gruyère. Saler et poivrer.

Ajouter cette préparation aux aubergines et poursuivre la cuisson à feu doux une dizaine de minutes.

Ce tajine est délicieux gratiné et accompagné d'une salade verte.

TAJINE DE COURGETTES

Préparation : 15 min – Cuisson : 40 min 4 pers.

1 gousse d'ail / 3 cuil. à soupe d'huile d'olive / 1/2 cuil. à café de coriandre / 1/2 cuil. à café de paprika / 1 cuil. à café de cumin / Une pincée de poivre de Cayenne / 5 courgettes moyennes / Le jus de 1 citron / Sel.

Éplucher et écraser l'ail. Mettre l'ail dans une cocotte avec 1 l d'eau, l'huile, la coriandre, le paprika, la moitié du cumin, le poivre de Cayenne et du sel. Porter à ébullition et laisser cuire à gros bouillons 15 minutes.

Laver et essuyer les courgettes. Les couper en tronçons puis les ajouter dans la cocotte et cuire 25 minutes.

Égoutter les courgettes, les disposer dans un plat creux et les napper de sauce. Arroser de jus de citron et saupoudrer avec le reste de cumin. Servir aussitôt.

TAJINE DE COURGETTES ET DE POMMES DE TERRE FARCIES AU TOFU

Préparation : 30 min – Cuisson : 30 min 4 pers.

4 courgettes rondes / 4 pommes de terre / 3 tomates / 3 gousses d'ail / 1 oignon / 1 bouquet de persil plat / 500 g de tofu / 1 œuf / 3 cuil. à soupe d'huile d'olive / 1 cuil. à café de curcuma / Sel, poivre.

Laver et évider les courgettes. Couper les pommes de terre en deux puis les évider en laissant 1 cm de chair environ. Peler les tomates et les couper en dés. Peler et hacher l'ail et l'oignon. Hacher le persil. Émietter le tofu.

Mélanger les tomates, l'ail, l'oignon, le persil et le tofu, ajouter l'œuf, saler et poivrer. Remplir les pommes de terre et les courgettes de cette farce.

Faire chauffer l'huile avec le curcuma et 1 verre d'eau dans le tajine slaoui. Porter à ébullition puis ajouter les légumes dans le tajine et cuire à couvert une trentaine de minutes.

Servir bien chaud.

TAJINE DE HARICOTS BLANCS

Préparation : 10 min – Cuisson : 1 h 45 min – Trempage : 2 h 6 pers.

350 g de haricots blancs secs / 2 oignons / Une pincée de safran / 100 g de beurre / 1 petit bouquet de persil haché / 1/2 cuil. à café de poivre / Sel.

Faire tremper les haricots pendant 2 heures puis les égoutter.

Peler et émincer 1 oignon, hacher le second.

Faire cuire les haricots dans le tajine avec 1/2 l d'eau, l'oignon haché, le safran, le poivre et le beurre.

Au bout de 1 heure 30 minutes, ajouter l'oignon émincé et le persil haché, saler et poursuivre la cuisson 15 minutes.

TAJINE DE HARICOTS VERTS

Préparation : 10 min – Cuisson : 30 min 4 pers.

2 oignons / 1 tomate / 3 cuil. à soupe d'huile d'olive / 800 g de haricots verts / 1 petit bouquet de persil plat haché / Sel, poivre.

Peler et émincer les oignons. Peler et épépiner la tomate.

Faire chauffer l'huile d'olive dans le tajine slaoui et y faire revenir oignons et tomate. Cuire à feu plus doux pendant 10 minutes.

Ajouter les haricots verts et 1 verre d'eau. Poursuivre la cuisson 20 minutes.

Parsemer de persil haché avant de servir.

TAJINE DE LÉGUMES

Préparation : 30 min – Cuisson : 40 min 4 pers. ✕ ○

6 carottes / 2 radis blancs / 1 poivron rouge / 3 courgettes / 2 petites aubergines / 2 tomates / 250 g de courge / 1 bouquet de persil / 50 g de raisins secs / Sel, poivre.

Laver les carottes, les radis, le poivron, les courgettes et les aubergines et les couper en gros cubes. Mettre ces légumes dans une cocotte, ajouter 1 l d'eau et laisser mijoter 20 minutes environ à couvert.

Peler les tomates, les épépiner et les couper en quartiers. Couper la courge en gros cubes. Laver et hacher le persil.

Ajouter la courge, les tomates, les raisins et le persil dans la cocotte. Saler et poivrer puis poursuivre la cuisson 20 minutes, à couvert. Ajouter un peu d'eau si nécessaire en cours de cuisson.

Vous pouvez, par exemple, servir ce plat en accompagnement d'une viande ou d'un poisson grillé.

TAJINE DE LÉGUMES (VARIANTE)

Préparation : 20 min – Cuisson : 30 min 4 pers. ✕ ○

6 pommes de terre / 2 navets / 3 carottes / 4 courgettes / 3 oignons / 4 gousses d'ail / 1 petit bouquet de persil et de coriandre / 3 cuil. à soupe d'huile d'olive / 1 cuil. à café de paprika / 1 cuil. à café de cumin en poudre / Sel, poivre.

Éplucher les pommes de terre et les navets, les laver et les couper en cubes. Gratter les carottes et les couper en bâtonnets. Couper les courgettes en deux dans le sens de la longueur puis en rondelles. Peler et couper 2 oignons en rondelles épaisses.

Mettre les pommes de terre, les navets, les carottes, les courgettes et les oignons dans le tajine et couvrir d'eau. Porter à ébullition puis ajouter l'ail. Laisser cuire à petits frémissements pendant 20 minutes environ.

Peler et émincer le dernier oignon. Hacher finement le persil et la coriandre.

Faire chauffer l'huile dans une poêle et y faire dorer l'oignon émincé avec le paprika, le cumin, le persil et la coriandre.

Verser le contenu de la poêle dans le tajine et laisser cuire encore 10 minutes environ. Lorsque la sauce est bien réduite, retirer du feu et servir immédiatement.

TAJINE AUX FÈVES

Préparation : 30 min – Cuisson : 1 h 20 min 4 à 6 pers. XX O
Repos : 12 h

300 g de fèves / 2 carottes / 4 tomates / 4 pommes de terre / 3 aubergines / 4 courgettes / 2 oignons / 6 gousses d'ail / 5 cuil. à soupe d'huile d'olive / Une pointe de harissa / 1 bouquet de coriandre ciselée / 15 olives confites au citron / Sel, poivre.

Mettre les fèves à tremper pour 1 nuit.

Cuire les fèves à l'eau bouillante pendant 30 minutes puis les égoutter et les réserver.

Gratter les carottes. Peler et épépiner les tomates et les couper en dés. Éplucher les pommes de terre, les aubergines et les courgettes puis les couper en rondelles épaisses.

Peler et émincer les oignons.

Placer les fèves dans le tajine slaoui, ajouter les gousses d'ail entières, les oignons émincés, l'huile d'olive et la harissa. Saler et poivrer. Disposer les légumes sauf les tomates, mouiller avec 2 verres d'eau et cuire à feu modéré pendant 30 minutes. Ajouter alors les tomates et la coriandre, poursuivre la cuisson à couvert, à feu doux, pendant une vingtaine de minutes.

Décorer avec les olives et servir bien chaud.

TAJINE DE LENTILLES ET DE COURGETTES

Préparation : 15 min – Cuisson : 1 h 15 min 4 pers. XX O

1 oignons émincés / 2 cuil. à soupe d'huile d'arachide / 2 cuil. à café de piment doux / 1 cuil. à café de piment fort / 350 g de lentilles / 500 g de courgettes / 3 cuil. à soupe de purée de tomates / Sel.

Mettre les oignons, l'huile et le piment dans une cocotte. Saler puis couvrir avec 1 l d'eau et porter à ébullition.

Blanchir les lentilles dans de l'eau bouillante salée avant de les ajouter dans la cocotte.

Laver les courgettes et les couper en cubes.

Laisser cuire 1 heure puis ajouter les courgettes et la purée de tomates. Remuer et poursuivre la cuisson une quinzaine de minutes. Ajouter un peu d'eau si nécessaire.

Servir très chaud.

TAJINE DE LENTILLES AUX TOMATES

Préparation : 10 min – Cuisson : 45 min 4 pers.

350 g de tomates / 3 oignons / 1 bouquet de persil / 3 cuil. à soupe d'huile d'olive / 350 g de lentilles / 1 cuil. à café de paprika / Sel, poivre.

Laver les tomates, les épépiner et les couper en cubes. Peler les oignons et les couper en rondelles épaisses. Hacher le persil.

Faire chauffer l'huile dans une cocotte et y faire fondre les oignons. Lorsqu'ils sont bien dorés, ajouter les tomates et cuire en remuant pendant 5 minutes.

Ajouter alors les lentilles et couvrir d'eau. Saler, poivrer, ajouter le paprika et poursuivre la cuisson à couvert pendant 25 minutes environ.

Ajouter le persil en fin de cuisson.

Servir bien chaud.

TAJINE DE PATATES DOUCES

Préparation : 10 min – Cuisson : 30 min 4 pers.

800 g de patates douces / 1 oignon / 2 gousses d'ail / Le jus de 1/2 citron / 3 cuil. à soupe de miel / 1/2 cuil. à café de paprika / 1 cuil. à café de cannelle / 2 cuil. à soupe d'huile d'olive / 400 g de petits pois / Sel.

Peler les patates douces et les couper en cubes. Peler et émincer l'oignon et l'ail.

Mélanger dans un bol 2 cuillerées à soupe de jus de citron avec le miel, le paprika et la cannelle. Réserver.

Faire chauffer l'huile dans le tajine slaoui et y faire revenir les patates douces une dizaine de minutes. Ajouter alors les petits pois, l'ail, l'oignon, le reste de jus de citron et 1 petit verre d'eau. Couvrir et poursuivre la cuisson 10 minutes.

Ajouter la préparation au miel et remuer doucement sur feu doux pendant 2 minutes.

Servir aussitôt.

Ce tajine, parfait pour accompagner une viande grillée, nous vient de Tunisie.

LES LÉGUMES

TAJINE DE POIS CHICHES

Préparation : 10 min – Cuisson : 1 h 15 min – Repos : 1 nuit 4 pers.

800 g de pois chiches / 1 oignon / 3 tomates / 1 petit bouquet de coriandre / 4 cuil. à soupe d'huile d'olive / Une pincée de safran / 1/2 cuil. à café de paprika / 1/2 cuil. à café de cumin / 1/2 cuil. à café de gingembre / Sel, poivre.

Faire tremper les pois chiches pendant 1 nuit dans de l'eau froide. Les égoutter et les peler.

Porter une casserole d'eau à ébullition et y cuire les pois chiches pendant 1 heure.

Pendant ce temps, peler et hacher l'oignon. Peler et épépiner les tomates. Laver et hacher la coriandre.

Faire chauffer l'huile dans le tajine slaoui, ajouter les épices puis les tomates, l'oignon, la coriandre et enfin les pois chiches. Saler et poivrer.

Couvrir et poursuivre la cuisson pendant une quinzaine de minutes en remuant régulièrement.

Servir aussitôt.

Les pois chiches sont épluchés pour donner plus de finesse à ce plat.

TAJINE DE POMMES DE TERRE

Préparation : 10 min – Cuisson : 25 min 6 pers.

1 kg de pommes de terre (rattes ou belles de Fontenay) / 4 oignons / 1 bouquet de persil et de coriandre / 2 cuil. à soupe d'huile d'olive / 1 cuil. à café de cumin / Sel, poivre.

Éplucher et laver les pommes de terre et les couper en cubes. Peler les oignons et les couper en rondelles. Laver la coriandre et le persil puis les hacher.

Faire chauffer l'huile dans une cocotte et y faire revenir les rondelles d'oignons.

Ajouter ensuite les pommes de terre, le cumin, saler et poivrer. Couvrir à moitié d'eau et cuire pendant 15 minutes. Ajouter le persil et la coriandre puis poursuivre la cuisson 5 à 10 minutes.

Servir bien chaud.

SALADE DE MELON ET DE PASTÈQUE

Préparation : 10 min — 4 à 6 pers.

1 pastèque / 1 melon / Le jus de 1 citron / 1 cuil. à soupe de sucre en poudre.

Couper la pastèque en deux, retirer les graines puis prélever de petites boules de chair. Évider entièrement la pastèque et réserver l'écorce.

Prélever de même de petites billes de melon puis les mélanger avec les boules de pastèque dans les demi-pastèques évidées.

Les mettre au frais.

Arroser de jus de citron et saupoudrer de sucre avant de servir.

SALADE D'ORANGES À LA CANNELLE

Préparation : 15 min – Repos : 1 h — 6 pers.

1 kg d'oranges / 3 cuil. à soupe de sucre en poudre / 2 cuil. à café de cannelle en poudre / Le jus de 1 citron.

Peler les oranges à vif puis les couper en rondelles fines.

Disposer ces rondelles dans un plat et saupoudrer de sucre et de cannelle, terminer en arrosant de jus de citron.

Laisser reposer 1 heure au réfrigérateur et servir bien frais.

SALADE DE PÊCHES

Préparation : 10 min – Repos : 2 h — 4 pers.

6 pêches blanches / 2 cuil. à café d'eau de fleur d'oranger / 3 cuil. à café de sucre en poudre / 8 boules de glace à la vanille.

Peler les pêches et les couper en quartiers. Arroser d'eau de fleur d'oranger, saupoudrer de sucre puis les mettre au frais pendant 2 heures.

Au moment de servir, disposer les quartiers de pêche sur de petites assiettes autour des boules de glace.

Crème de dattes

Préparation : 10 min – Repos : 30 min 6 pers.

30 dattes Deglet nour dénoyautées / 25 cl de crème fraîche / 200 g de fruits secs (amandes, pistaches, noisettes...).

Faire passer les dattes et la crème fraîche dans le mixeur.

Répartir ce mélange dans des coupes et saupoudrer de fruits secs concassés.

Laisser au frais pendant 30 minutes avant de servir.

Pastilla au lait

Préparation : 30 min – Cuisson : 1 h 6 à 8 pers.

250 g d'amandes émondées / Huile / 200 g de sucre en poudre / 20 feuilles de brick / 1 l de lait / 1 sachet de sucre vanillé / 2 cuil. à soupe d'eau de fleur d'oranger.

Faire dorer les amandes dans de l'huile 1 minute et les concasser grossièrement. Mélanger ensuite avec la moitié du sucre et réserver.

Verser de l'huile dans une poêle et, lorsqu'elle est bien chaude, y faire frire les feuilles de brick l'une après l'autre. Les égoutter et les poser sur du papier absorbant.

Dans une casserole, mélanger le lait, le sucre vanillé, l'eau de fleur d'oranger et le reste du sucre. Porter à ébullition et retirer du feu.

Verser doucement ce mélange sur les feuilles.

Disposer la première feuille de brick dans un plat, la saupoudrer d'amandes, ajouter un peu de lait vanillé et recouvrir avec une autre feuille. Répéter cette opération jusqu'à la dernière feuille. Terminer en arrosant avec le lait.

Saupoudrer d'amandes concassées et servir aussitôt.

TABLE DES MATIÈRES

Tableau des signes	4
Introduction	5
AROMATES, CONDIMENTS ET ÉPICES UTILISÉS DANS LA CUISINE MAROCAINE	6
LE CAFÉ ET LE THÉ : CONCLUSION INDISPENSABLE D'UN REPAS EN AFRIQUE DU NORD	8
LE MIEL	10
LES DATTES	11
LES ENTRÉES	
Chakchouka tunisienne	14
Salade de betteraves	14
Salade de carottes	14
Salade de fèves	16
Salade d'oranges	16
Salade de tomates et de poivrons grillés	18
LES POISSONS	
Tajine de gambas	20
Tajine de moules	20
Tajine d'anchois	22
Tajine d'alose aux carottes	22
Tajine de calmars	24
Tajine de colin aux fèves	24
Tajine de hareng à la tomate	26
Tajine de merlan aux légumes	26
Tajine de merlan	28
Tajine de boulettes de sardine	30
Tajine de thon	30
Tajine de poisson et de crevettes	32
Tajine aux dattes et aux amandes	32
Tajine de poisson aux patates douces	34
Tajine de poisson aux figues	34
Tajine de poisson à la tomate	35
Tajine de poisson au fenouil et au citron	35
Tajine de poisson aux légumes	38
LES VOLAILLES	
Tajine de caille aux citrons et aux olives	40
Tajine de canard aux figues	40
Dindonneau en tajine	42
Tajine de perdreau	42
Tajine de pintade	44
Tajine de poulet aux abricots secs	46
Tajine de poulet aux artichauts	46
Tajine de poulet aux aubergines	48

Tajine de poulet aux carottes 50
Tajine de poulet aux dattes et aux amandes 50
Tajine de poulet farci au couscous 52
Tajine de poulet farci 52
Tajine de poulet farci au persil 53
Tajine de poulet au miel 54
Tajine de poulet aux œufs 54
Tajine de poulet aux oignons sucrés 55
Tajine de poulet aux oignons et aux raisins 55
Tajine de poulet aux olives et aux citrons confits 58
Tajine de poulet à l'orange 58
Tajine de poulet aux petits pois et aux pommes de terre 60
Tajine de poulet aux pois chiches 60
Tajine de poulet aux pommes de terre 62
Tajine de poulet aux pruneaux 62
Poulet aux pruneaux et au miel 63
Tajine de poulet au potiron 64
Tajine de poulet à la tomate 66
Tajine de poulet à la tomate et au miel 66

LES VIANDES

Tajine de tripes 68
Tajine de pieds de veau 68
Tajine de lapin 70
Tajine de lapin aux figues fraîches 70
Tajine de lapin aux pruneaux 71
Tajine de lièvre au miel 72
Tajine de chameau 72
Tajine de boulettes de kefta 74
Tajine de veau aux amandes 76
Tajine de veau aux artichauts 76
Tajine de veau aux aubergines frites 77
Tajine de veau aux carottes 77
Tajine de veau au chou-fleur 80
Tajine de veau aux coings et aux gombos 80
Tajine de veau aux fruits secs 82
Tajine de veau aux haricots verts 82
Tajine aux navets et aux pommes de terre 84
Taine de veau aux petits pois 84
Tajine aux poires 86
Tajine aux pommes de terre et aux oranges 88
Tajine de veau au potiron 88
Tajine de veau aux tomates 90
Tajine de veau aux topinambours 90
Tajine de boulettes aux petits pois 92
Tanjia 92
Tajine d'agneau aux abricots secs 94
Tajine d'agneau aux fonds d'artichaut et aux petits pois 94
Tajine aux aubergines 95
Tajine d'agneau au citron 95
Tajine aux coings et au miel 98
Tajine d'agneau aux courgettes 98
Tajine d'agneau aux dattes 100
Tajine d'agneau aux fèves 100
Tajine aux gombos 102
Tajine d'agneau aux haricots verts et aux tomates 102
Tajine d'agneau au lait 104
Tajine aux marrons 104
Tajine d'agneau aux navets 105
Tajine d'agneau à la menthe 105
Tajine d'agneau aux oignons 108
Tajine d'agneau aux olives 108
Tajine d'agneau aux pois chiches 110
Tajine d'agneau aux pommes 110
Tajine d'agneau aux pommes de terre et aux olives 112
Tajine aux pommes de terre et aux haricots verts 114
Tajine d'agneau aux pruneaux 114
Tajine d'agneau au riz 116
Tajine aux tomates 116
Tajine d'agneau tunisien 118
Tajine de mouton aux œufs 120
Tajine de mouton aux pommes de terre 120

LES LÉGUMES

Tajine d'artichauts et de pommes de terre 122
Tajine de riz aux blettes 122
Tajine tunisien aux aubergines 123
Tajine de courgettes 124
Tajine de courgettes et de pommes de terre farcies au tofu 124
Tajine de haricots blancs 126
Tajine de haricots verts 126
Tajine de légumes 127
Tajine de légumes (variante) 127
Tajine aux fèves 130
Tajine de lentilles et de courgettes 130
Tajine de lentilles aux tomates 132
Tajine de patates douces 132
Tajine de pois chiches 134
Tajine de pommes de terre 134

LES DESSERTS

Salade de melon et de pastèque 136
Salade d'oranges à la cannelle 136
Salade de pêches 136
Crème de dattes 138
Pastilla au lait 138

Dépôt légal 2e trim. 2004 - n° 2 857

Imprimé en U.E.